THE JOY OF WATERBOILING

Wir kochen auch,
nur mit Wasser

Nach einer Idee von
Thomas Götz von Aust

Creative Director
Soso Phist

Fotos
Lisa Edi

Rezepte
Christina Scheffenacker

Idee
Thomas Götz von Aust

Texte
Andrea Fehringer, Aida Loos

Corporate Identity
Martin Heraut

Graphic Design
Leon Müller

Herausgeber
Aram Haus, Hermann Herunter,
Teresa Mossbauer, Philipp Müller

Lektorat und Korrektorat
Kathrin Jurgenowski, Christian Fock

Unter Mitarbeit von
Vincent Paar, Silvia Seitl, Marlene Mautner, Karolina Preuschl, Filip Bartenbach,
Katharina Huemer, Kundry Reif, Katharina Halusa, Clara Obkircher, Lukas Steinmeier,
Theresa Strizinger, Timo Hermann, Gerhard Kahofer, Caesar Déin, Mario Dangev,
Markus Güttel, Ralph Darabos, Sarah Cruz, Sebastian Ifsits, Sophie Tautorus

Gesetzt aus der Brandon Grotesque

Gesamtherstellung: Achse Verlag GmbH, Wien.
Printed in Europe.
ISBN: 978-3-95045-142-9

www.achseverlag.com
www.jow.world

JOY OF WATER BOILING

THE

100 köstliche Rezepte für den Wasserkocher

Nach einer Idee von Thomas Götz von Aust

INHALT

max
1.7l
max Tea
1.4l

VORWORT

Liebe Food Artists,

in diesem Jahr, 2018, wird der Wasserkocher 125 Jahre alt. Beinah in jedem Haushalt steht er verlässlich und kocht Wasser.
Thomas Götz von Aust kocht seit sieben Jahren auch Mahlzeiten in seinem Wasserkocher, täglich, und nennt ihn Jow.
Die beiden experimentieren während dieser Zeit und kultivieren das Kochen im platzsparenden und mobilen Wasserkocher, im Wohnzimmer, auf dem Dachboden und in Indonesien.

Überall, wo Strom fließt, kann man mit Jow kochen, doch da Thomas ja Schriftsteller ist, wurde für die Aufbereitung der 100 Gerichte für euch die Salzburger Spitzenköchin Christina Scheffenacker betraut. Ihr zur Seite stehen, als Visionärinnen ihres Fachs, die griechisch-deutsche Designerin Soso Phist und die österreichische Fotografin Lisa Edi.

Einen Wasserkocher, der für das Nachkochen der im Buch dargestellten Rezepte geeignet ist, haben die meisten zu Hause, oder er kostet ab 15 Euro. So können sich Studentenheimbewohnerinnen und -bewohner und Wehrdienstleistende, Bürojunkies oder Um(her)ziehende eine alternative, funktionierende und unterhaltsame Kochmethode günstig zu eigen machen.

The Joy of Waterboiling ist das erste Kochbuch für den Wasserkocher weltweit. Jedes Rezept wurde zweimal nachgekocht und auf Durchführbarkeit und Köstlichkeit überprüft. Dennoch sind wir für eure Ideen, Gedanken und Rezeptvorschläge, euer Feedback für die Zukunft dankbar. Bitte schreibt an office@achseverlag.com.

Viel Spaß mit Jow!

Alles Liebe,

Arau

THE JOY OF

JOW

The Joy of HISTORY

GESTATTEN: Jow
Alter: 125
Beruf: Wasserkocher
Geburtsort: Chicago, Illinois
Eltern: unbekannt
Adoptivvater: Russell Hobbs

Jow war von Anfang an allein. Das muss einmal so gesagt werden bei allem, was er für die Menschheit tut. Er hatte niemanden. Vater unbekannt, Mutter nicht einmal das. Sie haben ihn ausgesetzt. Und nicht vielleicht irgendwo. Sondern auf der Weltausstellung in Chicago 1893. Das muss man sich einmal vorstellen. Dort hat man ihn gefunden. Mehr noch. Kaum dass er seinen ersten Schrei getan hatte, war er der letzte Schrei auf dem Markt der Neuigkeiten. Gleich neben der Spülmaschine.
Jow war von Anfang an ein Wasserkocher. Wer immer ihn gezeugt hat, das haben sie ihm in die Wiege gelegt. Dieses eine Talent. Diese eine Fertigkeit. Dafür war er auf die Welt gekommen. Darauf war er heiß. Er konnte Wasser kochen. Er konnte Wasser kochen, dass es nur so dampfte. Als das auf dieser Weltausstellung in Chicago herauskam, wollten auf einmal viele Männer Jows Vater gewesen sein. Aber keiner konnte einwandfrei nachweisen, dass wirklich er der Erzeuger dieses kleinen Genies war.
Besonders die Briten versuchten angestrengt, die Lorbeeren an sich zu reißen. In Großbritannien hatte Jow seine Vorfahren. Primitive Vorläufer zwar, einfache Kerle, unförmig wie Pfeifkessel, die mit einer schlichten Feuerquelle auskommen mussten und Jow mit seinem nagelneuen elektrischen Herzen nicht das Wasser reichen konnten. Aber schlecht gestellt waren sie nicht in dem Land der Teetrinker. Insbesondere bei den Junggesellen im frühindustriellen England. Um 1850 herum kamen sie scharenweise aus der Provinz in die Städte und kehrten oft bei Witwen ein. Dann schätzten sie es, sich vor allem nachts ihren Tee im Zimmer aufbrühen zu können, ohne den alleinstehenden Damen in der Küche in die Arme zu laufen. Manch lustige Witwe hätte sicher gern auf Jows Ahnen gepfiffen.
Und dann traf Jow einen gewissen Russell Hobbs, ebenfalls ein Brite. Es war 1952, Jow schon fast siebzig und damit längst aus der Pubertät, aber Hobbs nahm sich so rührend seiner an, dass er so etwas wie sein Adoptivvater wurde. Jow war glücklich und ließ sich stolz auf dem Markt präsentieren. Und er ging immer mit der Zeit. In den Siebzigern kleidete er sich neu ein, in modernen Kunststoff. Mal war Edelstahl en vogue, mal wieder nicht. Jow war es recht, er machte alles mit. Er wurde schöner. Er wurde besser. Er lernte. Entwickelte sich. Und auf einmal konnte er nicht mehr nur Wasser kochen. Er konnte alles kochen. Ohne Herd und ohne Küche.

The Joy of THE MODEL

Jows innere Werte und ein paar Äußerlichkeiten

Jow ist nicht eitel. Das muss man ihm lassen. Wie er aussieht, ist ihm völlig egal. Er weiß, was er kann. Man nennt es Charisma, aber das würde er nie laut sagen in seiner Bescheidenheit. In seinem Innersten ist er nach wie vor ein Wasserkocher, auch wenn er sich längst zum Herd hochgekocht hat. Er fühlt sich wie eh und je seinem ersten und engsten Mitarbeiter verpflichtet, dem Wasser. Aber er hat auch Grundsätze: Er ist absolut verlässlich. Er ist immer da, wenn man ihn braucht.
Er ist unglaublich schnell. Kein anderer bringt Wasser so fix zum Kochen.
Er ist immens sparsam. Verschwendung ist ihm ein Gräuel, er spart Energie und damit Geld.
Er ist für alles zu haben. Was immer man sich einfallen lässt, er bringt es auf den Siedepunkt.
Er ist sagenhaft flexibel. Er hat keinerlei Berührungsängste, womit auch immer man ihn füllt.
Er ist einfach heiß. Mit seiner Doppelwandhülle kann er Temperaturen extrem lang halten.
Er ist ganz exakt. Mit seinem Thermostat erwärmt er Wasser gradgenau.
Er ist für alles offen. Nicht nur nach oben hin, sondern auch rundherum: für neues Design.

Typberatung – Jow und seine Gehilfen

Drei technische Gegebenheiten machen das Kochen in Jow möglich:
1. Der Wasserkocher soll aus Edelstahl (oder Glas) geschaffen sein, Plastikkocher sind nicht geeignet.
2. Das Heizelement (Heizspirale) muss verdeckt sein.
3. Ein Volumen von mindestens 1,7 Liter und ein großzügiges Öffnen des Kochers ist optimal.

Um es dir leicht zu machen, haben wir dir auf jeder Seite genau aufgelistet, welches Zubehör, welche Küchenutensilien du für jedes Gericht brauchst. Damit siehst du auf den ersten Blick, ob du das jeweilige Gericht auch wirklich kochen kannst. Die Personenanzahl im Rezept gibt das Maximum an, das zubereitet werden kann. Im Jow-Tutorial-Channel (www.jow.world) siehst du, welcher Wasserkocher geeignet ist und wie man ihn am besten reinigt.
Gut geeignet ist ein Edelstahlwasserkocher, der innen ohne großen Schnickschnack auskommt, also frei von Dichtungsringen und in der Mitte sitzenden Temperaturfühlern ist, also allem, was beim Umrühren stören könnte. Generell gilt: Je größer und einfacher die Wasserkocheröffnung ist, desto leichter kannst du darin kochen und ihn reinigen.

The Joy of CLEANING

Jow und der reine Luxus

Jow leistet saubere Arbeit und ist auch sonst ein reinliches Kerlchen. Es macht ihm zwar nichts aus, sich in der Hitze der Küchenschlacht zu bekleckern. Aber dann – das ist so sicher, wie ein Lachs nicht nach Vanillesauce schmecken soll – muss er ins Bad. Und da ist er ein klein wenig dekadent. Da lässt er den Spitzenkoch heraushängen. Denn von allein geht im Bad nichts. Dort lässt er sich nach getaner Arbeit bedienen. Also bitte, dann greift man ihm halt ein bisschen unter den Henkel.
Gewandet in edlen Stahl ist Jow am einfachsten zu reinigen. Denn Edelstahl nimmt keinen Geschmack an. Da kann Jow in aller Ruhe einen Tee ziehen lassen und schwupp, einmal ausspülen, sofort auf Reis oder Pasta umsteigen. Bleiben da Reste, drüber mit einem feuchten Schwamm und zum nächsten Gang.
Trotzdem sind das alles nur Kinkerlitzchen. Denn wenn Jow so richtig in Fahrt war, kann man sich mit so einer Katzenwäsche brausen gehen. Dann will Jow die ganze Liebe. Vollbad. Und so hat er's am liebsten: Jow bis obenhin mit Wasser anfüllen, Essig und Zitrone oder Natron als Badzusatz dazu, einschalten und das Ganze einwirken lassen. Da suhlt sich Jow praktisch in seinem eigenen Whirlpool. Je länger, desto besser. Hört man genau hin, trällert er leise „Pack die Badehose ein" ... Bis man ihn aus der Afterhour reißt und ihm mit der Zahnbürste den Deckel schrubbt. Ein heikler Moment übrigens, da ist es schon passiert, dass Jow vor lauter Genuss fast im eigenen Badewasser ersoffen wäre.
Ach ja: Jows Kontakt für die Station sollte nicht nass werden. Passiert das doch einmal, lässt man ihn bei Raumtemperatur trocknen. Und entschuldigt sich bei ihm.

Ökologische Reinigung mit Essig, Zitrone oder Natron

1. Kessel bis zur Obergrenze mit Wasser füllen.
2. Einen Schuss Essig, den Saft einer Zitrone oder einen Esslöffel Natron dazugeben.
3. Wasser aufkochen, einwirken lassen.
4. Wasser abgießen, ausspülen, auswischen.

Putzen mit Spülmittel und Geschirrbürste

1. Kessel bis zur Markierung mit Wasser füllen.
2. Wasser aufkochen.
3. Spülmittel dazugeben, einwirken lassen.
4. Spülwasser ausleeren, ausspülen, auswischen.
5. Innenseite des Deckels mit einer Geschirrbürste reinigen.

Entkalken

1. Kessel bis zur Obergrenze mit Wasser füllen.
2. Einen Schuss Essig oder Kalkschutzmittel nach Anleitung dazugeben.
3. Wasser aufkochen.
4. Wasser ausleeren, ausspülen, trocken wischen.

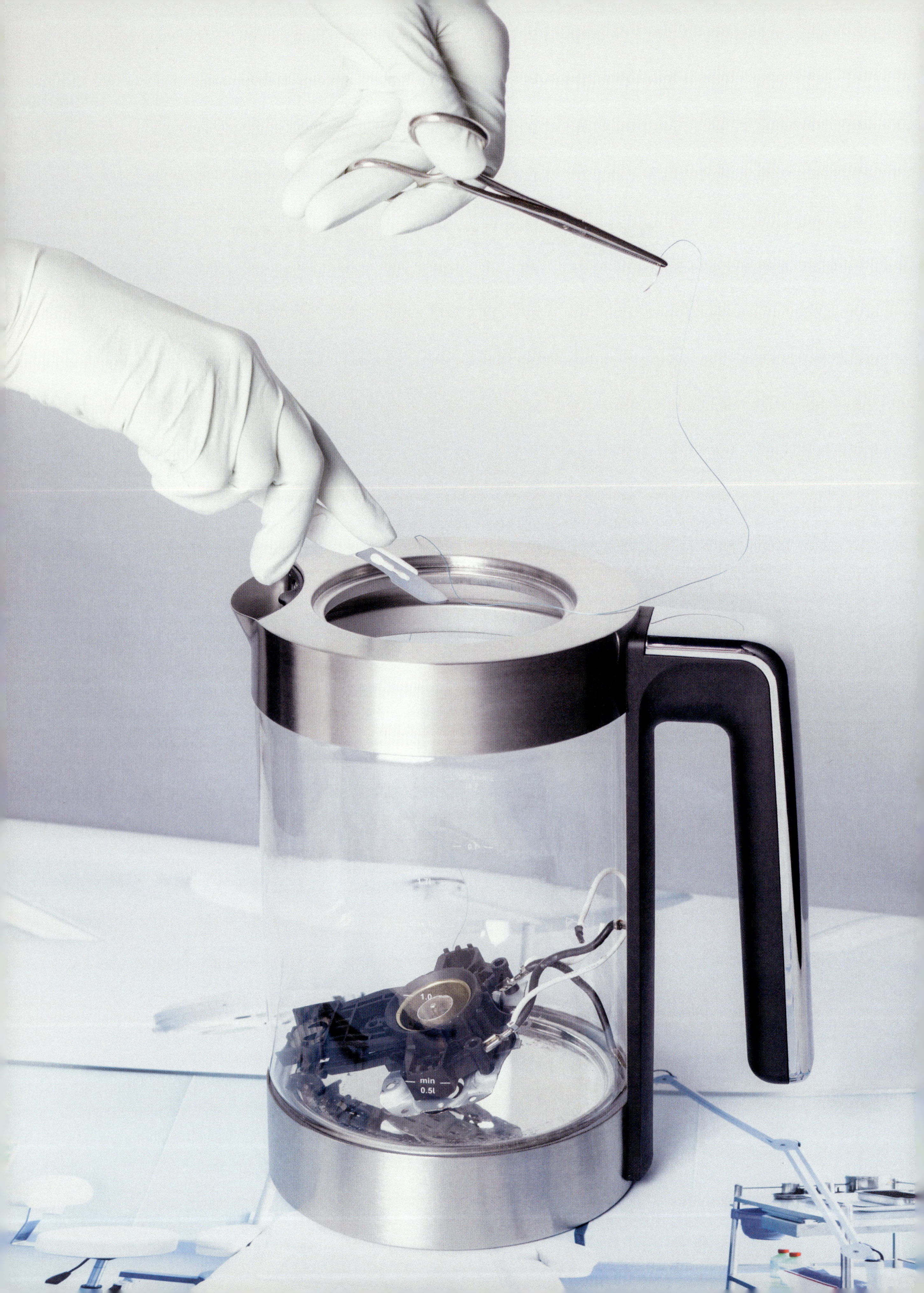
1.0
min
0.5l

The Joy of ANATOMY

Jow im Röntgenblick

Wenn Jow in sich geht, wundert er sich mitunter über sich selbst. Was für ein genialer Bauplan, denkt er dann, und es läuft ihm ein Tropfen Kondenswasser über die Edelstahlwange, weil ihn das unweigerlich an seine nie gekannten Eltern erinnert. Aber weil Jow keine Heulsuse, sondern ein verantwortungsvoller Wasserkocher ist, geht der Moment schnell vorüber, und er beginnt mit dem Check seiner Anatomie.
Zuerst hört Jow auf sein Herz. Für Nichtwasserkocher, man nennt sie auch Menschen, ist Jows Herz ein schnöder Kontaktfuß, der ihn mit elektrischem Strom versorgt. Als Wasserkocher auf dem jüngsten Stand der Technik ist Jow ein sogenanntes kabelloses Geschöpf. Jow muss da immer schmunzeln, komische Menschensprache. Kabel, was für ein unzulängliches Wort für die Nabelschnur, die ihn mit dem Strom des Lebens verbindet. Na ja. Das Herz ist jedenfalls in Ordnung.
Jow schaltet sein Gehirn ein. Wobei, eingeschaltet ist es immer, nur die Menschen glauben, er springt erst an, wenn sie auf einen Knopf drücken. Ha. Für sie ist Jow ja auch nur ein ordinärer Kochkessel. Dass sich da drinnen eine hocheffiziente Heizspirale verbirgt, die erst den Boden und damit das Wasser erhitzt, ist den meisten gar nicht bewusst. Als arbeite er noch mit offen liegenden Heizdrähten wie zu Zeiten des Tauchsieders, meine Güte, wenn er nur an die Gefahr der frühen Verkalkung denkt! Für Menschen ist die Hauptsache, dass das Wasser innerhalb einer Minute kocht. Aber Jow ist die Ignoranz gewöhnt. Ihm ist es sogar recht, wenn keiner seine Temperaturfühler durchschaut, das gibt ihm so etwas Mysteriöses. Er schaltet sich automatisch ab, erklären sich die Menschen oft gegenseitig. Aber niemand erwähnt dieses Bimetall, das auf den Dampf des Kochwassers reagiert und Jows Arbeit im richtigen Moment beendet. Wie auch immer, Gehirn in Ordnung. Jow hört auf seinen Bauch. Knurrt der Kessel? Zwickt es in der Kanne? Gurgelt es im Krug? Nein, Bauch in Ordnung. Jow macht ein paar kleine Stimmübungen. Leichtes Säuseln, anschwellendes Rauschen, sattes Brodeln. Dann alles noch einmal, ganz leise, fast nicht mehr zu hören. Sehr gut. Stimme in Ordnung. Alles gut, denkt Jow, und chillt, bis die Spaghetti fürs Abendessen anstehen.

The Joy of MINIMALISM

Einfach Jow

Jow ist ein Kind unserer Zeit. Alle Achtung, das kann nicht jeder 125-Jährige von sich sagen. Bei Jow ist das eine Mischung aus Charakter, Verstand und Weitblick. Fast wäre man versucht, ihn Trendsetter zu nennen, aber das würde ihm nicht gerecht.
Jow ist keiner, der irgendeinem Trend hinterherrennt. Er hat sich nie grundlegend verändert, sich nicht verbiegen lassen. Er war immer er selbst. Er ist mit der Zeit gegangen, das schon. Er hat sich dem Fortschritt verschrieben, aber nie einen Popanz aus sich gemacht. Jow hängt sein Fähnchen nicht in den Wind, dafür bringt er frischen in die Küche.
Ein bisschen stolz ist er allerdings schon darauf, dass er gerade so en vogue ist, jetzt, da die Gesellschaft den Minimalismus entdeckt hat. Denn Minimalismus ist mehr als ein Trend. Gehaltvoller als eine Strömung. Es ist etwas Langfristiges, es wäre vielleicht sogar was für die Ewigkeit. Der Minimalismus ist eine Lebenseinstellung, die Jow erfunden haben könnte. Es geht um Nachhaltigkeit. Um Sparsamkeit. Es ist nicht nur eine Welle des Verzichts, die umgeht. Es ist eine Möglichkeit, das Überflüssige loszuwerden. Und Platz zu machen für das Wesentliche.
Vielleicht kann man sagen, Jow setzt ein Statement gegen die Konsumgesellschaft. Technisierung. Globalisierung. Informationsflut. Soziale Netzwerke. Beschleunigung. Die Menschen leben in Echtzeit. Mit dem schnellsten Wetter, das nun aus dem Smartphone kommt. Mit dem hurtigsten Verkehrsservice, das Überschallgeschwindigkeit hat. Aber Jow hat erkannt: Je mehr Dinge uns die Flut bietet, desto weniger will man eigentlich.
Jow hinterlässt mit seinem Kontaktfuß einen winzigen ökologischen Fußabdruck. Er braucht keinen einzelnen Besitzer, er lässt sich teilen. Verleihen. Ausborgen. Tauschen. Und reparieren. Mehr als ihn braucht man nicht, um sich ernähren zu können. Jow reduziert das Leben aufs wahrhaft Einfache. Und ebendieses Simple hat, und das zieht sich durch die Menschheitsgeschichte, oft große Wirkung.

70
80
90
100
P

The Joy of MOBILITY

Jow ist immer in Fahrt

Jow führt ein bewegtes Leben. Was durchaus unüblich ist für ein Kochgerät. Wenn er nach getaner Arbeit manchmal in Plauderlaune ist, erzählt er in der Küche von seinen Abenteuern auf Reisen. Immer wieder muss er da bei den Basics anfangen, weil keines der anderen Geräte weiß, was ein Wald ist oder ein Berg, ein See oder ein Hochhaus. Die meisten Küchengeräte sehen ja nicht nach draußen, sie glauben, die Welt besteht aus vier Mauern und vom Dampf beschlagenem Fensterglas. Jows Reiseberichte sind der Hit. Da spitzen alle die Ohren, nicht einmal der Topflappen hängt unbeteiligt am Haken.
Jow erzählt. In der Wachau hat er einmal Marillenknödel auf einem Autodach gemacht. Auf dem Weg von Wien nach München hat er im Zugabteil ein Schokofondue gezaubert. Und in einem Tourbus hat er für eine Heavy-Metal-Band Würstel gekocht.
Jow ist ungebunden, flexibel und leidet immer ein bisschen an Fernweh. Er findet sich in der kleinsten Bude und auf der ganzen Welt zurecht. Er hat in Studentenheimen gearbeitet, auf der Baustelle und beim Campen. Mitten im Wald außerhalb jeder Zivilisation und in Flüchtlingsheimen. Er war in Kasernen, bei Mädelsabenden und auf Kindergeburtstagen im Einsatz. Denn wenn keine Steckdose in der Nähe ist, holt er seine Kraft eben aus dem Zigarettenanzünder im Auto.
Jow ist der ideale Reisebegleiter. Leicht genug für den Rucksack, unkompliziert genug in der Energieversorgung, mobil genug für jedes Ziel. Jow ist ein Vagabund. Und doch zu allem fähig, vom Babybrei bis zu Kartoffeln mit Schnittlauchsauce und Kaviar.

Transportmittel & Einsatzgebiete

Jow kocht ...

... im Wohnwagen
... im WG-Zimmer
... im Kreißsaal
... im Keller
... auf dem Strand
... in der Garage
... im Büro

... in der Almhütte
... auf der Baustelle
... im Iglu
... im Aufzug
... in einer Gefängniszelle
... backstage
... am Straßenrand

... in der Kaserne
... auf einem Segelboot
... im Altersheim
... über den Wolken
... auf einem Hundeschlitten
... auf einer Eisscholle
... für Hausbesetzer.

The Joy of SAFETY

Jow ist sich sicher

Jow ist an sich gern allein, außer Wasser braucht er ja keine Gehilfen. Aber in Küchen, wo man noch so kocht wie seit der Erfindung des Herds, steht er mitunter mitten im Getümmel. Da geht's heiß her um ihn herum, und er ist immer froh, wenn die Kocherei heil überstanden ist bei all den hitzigen Gemütern.
Der Herd glüht nach Kräften, auch wenn gar keine Pfanne mehr auf ihm steht. Der Backofen ist noch ganz erhitzt, obwohl der Kuchen längst fertig ist. Und ab und zu bleibt vom Essen nicht mehr als ein schwarzer Belag, der vom Topf nicht mehr zu trennen ist. Dann schaut Jow den Geschirrspüler an, der fast weint, weil er das nie wieder sauber kriegt, und verspricht ihm: Nächstes Mal übernehme ich das wieder.
Wenn das Wasser in Jow kocht, unterbricht er die Stromzufuhr. So einfach ist das. Simple Abschaltautomatik. Wenn zu wenig Flüssigkeit in ihm ist, verweigert er den Dienst überhaupt. Stichwort: Trockengehschutz. Einen Kurzschluss kennt er nur aus Erzählungen vom alten Mixer. Und mit Verbrennungen prahlt bloß der Herd. Jow fühlt sich gern sicher. Seinen Griff kann man immer anfassen, er ist aus Plastik und leitet keine Wärme. Mit dem Griff kann ihm nichts passieren und anderen schon gar nicht.
Stimmt ja nicht, hat der Herd einmal gestänkert.
Zuerst hat Jow nur den Deckel leicht gehoben und ihn ignoriert.
Aber dann mischte sich das Backrohr ein: Und was ist mit den toxischen Rückständen, die sich in dir stauen? Die kommen nur von schlampiger Reinigung und immer wieder aufgekochtem Restwasser, wollte Jow schon erklären. Aber dann ließ er es bleiben. Er will keine Schwierigkeiten. Mit Jow herrscht Frieden in der Küche.

15 cm
23,3 cm

The Joy of SAVING

Jow und die Sparflamme

Jow ist ein Sparmeister. Er hat es nicht gern, wenn man das so sagt, weil manche Leute dann gleich einen Geizhals vor sich sehen. Und Geiz ist für Jow, so viel ist einmal sicher, gar nicht geil. Jow braucht einfach nicht viel. Und er vergeudet nichts. Er vermeidet nur das Unnötige.
Er spart an den richtigen Stellen. Er spart Platz, weil er ein kleines Genie ist. Er spart Energie, weil er wenig Strom verbraucht. Er spart Zeit, weil er schneller ist als jeder Herd. Er spart Geld, weil er weniger kostet als ein guter Topf.
Wobei man jetzt höllisch aufpassen muss, dass man ihn nicht beleidigt: Denn billig ist Jow nicht. Er hat nur andere Werte.
Jow spart ja nicht, weil er irgendjemandem imponieren will. Im Gegenteil, im Grunde seines Heizstabs ist er ein Tiefstapler. Nie würde er sich größer machen, als er ist. Und er liebt die Welt, in der er kocht. Er will, dass sie weiterhin besteht und dass noch ewig Strom aus der Steckdose kommt, der ihn zum Leben erweckt. An sich müsste ihn das alles nichts angehen. Er kennt Geräte, die sich da überhaupt nichts pfeifen und Energie absaugen, dass die Haushaltskasse darunter leidet. Aber an denen nimmt sich Jow kein Beispiel. Man soll sich nie nach unten orientieren, denkt er und schaltet sich wieder einmal automatisch ab.

Anschaffung & Stromverbrauch

Kosten: 20 bis 50 Euro für den Durchschnittstyp, der Idealtyp kann bis zu 100 Euro kosten.
Energieverbrauch: etwa 2 kW/h.
Wenn Jow jeden Tag eine Stunde lang arbeitet und eine Kilowattstunde Strom 0,22 Euro kostet, braucht er im Jahr 730 Kilowattstunden. Und die kosten dann 160,60 Euro. Zum Vergleich: Ein Herd mit Backofen, der jeden Tag eine Stunde läuft, verbraucht im Jahr doppelt so viel Strom, also 1460 Kilowattstunden. Die kommen auf 321,20 Euro.

Heizleistung

600 bis 3100 Watt.
Kochzeit: Ein Liter Wasser ist in knapp über einer Minute auf dem Siedepunkt. Hochleistungsgeräte haben eine bessere Energiebilanz: Sie haben kürzere Kochzeiten und geben noch weniger Wärme an die Umwelt ab.
Geräte mit dünnem, gekapseltem Heizboden gelten als effizienter als solche mit Heizstäben. Glas- oder Kunststoffgefäße haben einen leichten Vorteil gegenüber metallgefassten Geräten.

Leistung & Effizienz

Wasserkocher sind effizienter als elektrische Kochplatten. Die Energie geht direkt ans Wasser und muss nicht erst Herdplatte und Topfboden erwärmen.

max
1.7l
min
0.5l

The Joy of FUTURE

Jow auf ewig

Jow fürchtet sich nicht. Schon gar nicht vor der Zukunft. In Wahrheit kann er sie kaum erwarten. Beneidenswert, wenn man bedenkt, welche Sorgen sich die Menschen oft über ihr weiteres Fortkommen machen. Jow hat Vertrauen in sich. Er hat sich als Kind allein durchgeschlagen, die wilden Teenagertage hinter sich gebracht, einen Jahrhundert- und einen Millenniumswechsel überstanden, mein Gott, was soll schon sein? Jow sieht das ausgesprochen optimistisch. Sein bestes Alter lag immer vor ihm. Und so wird es bleiben. Als die Leistungsfähigkeit top war, feilte Jow an der Benutzerfreundlichkeit. Als die exakte Temperatureinstellung und die Warmhaltefunktion im Griff waren, verlegte er sich auf grenzenlose Mobilität und alternative Energie. Jow sieht sich in der Zukunft mit geladenem Akku oder Solarzellen auf seinem Deckel überall und stundenlang im Einsatz. Und wenn er nicht länger am Kabel hängt, wird er sich so richtig im Design austoben.
Ästhetik. Das wird dann Jows Lieblingswort sein. Er sieht sich schon im Spiegel. An Pop-Art oder im Retrodesign hat er sich schon versucht. Jetzt möchte er sich von der Modeerscheinung zum Darling der Innenarchitekten aufschwingen. Jow als Blickfang im Raum. Jow als Möbel. Jow als Kunstwerk.
Dabei ist Jow nicht eitel. Er hat nur Freude an der Veränderung. Er ist neugierig und erfinderisch. Und er weigert sich, ein Ende abzusehen. Einmal komplett ausgereift zu sein ist nicht sein Ziel. Das hat er ja schon x-mal erreicht. Grenzen sind was für engstirnige Naturen. Jow ist auf alles gefasst. Wer sagt denn zum Beispiel, dass immer nur Wasser in ihm kochen wird? Warum nicht Öl, in dem man frittieren kann? Jow brät noch so einiges aus, darauf kann man wetten.

max
1.7l
max Tea
1,4l

The Joy of SOUS-VIDE

Jow und der Fisch aus dem Wasserbad

Jow ist ein Künstler. In der Küche braucht man Köche, keine Künstler, mag da jetzt jemand brummen, und hat natürlich recht. Kein Maler muss für sein Rotweinrisotto berühmt sein, und ein Schriftsteller, der auch noch ein Bœuf Stroganoff zum Hinknien zusammenbringt, ist ein Geschenk des Himmels.
Trotzdem: Jow ist ein Künstler. Schon einmal, weil jeder, der die Kunst des Sous-vide-Garens beherrscht, ein Künstler ist. Und erst recht ist er einer, wenn man einen Lachs aus seinem Wasserkessel fischt, der saftig, innen glasig und in einen Saft gebettet ist, für den man sterben möchte. Ja, Jow ist ein Künstler.
Wie oft hat Jow zugeschaut, wenn neben ihm, am althergebrachten Herd, jemand versucht hat, zarten Fisch zu bändigen. Jow hat es immer schon vorhergesehen, wie das nachher sein würde: trocken wie britischer Humor und zäh wie ein Reitstiefel. So was nennt man übergart. Früher war da wenig zu machen. Bis man begann, mit niedrigen Temperaturen zu arbeiten. Im Backofen gart dann vielleicht ein kurz angebratenes Fleisch bei 55 bis 70 Grad stundenlang dahin. Heraus kommt ein tadelloser Braten, dem trotz der niedrigen Temperatur etwas Flüssigkeit fehlt. Eine gute Lösung. Für eine größere Verwandtschaft oder eine Tafel voller Gäste. Für kleinere Portionen oder ein einzelnes Gericht zahlt sich das Brimborium nicht aus.
Bei der Sous-vide-Methode schon. Im Grunde funktioniert sie nach demselben Prinzip: niedrige Temperatur, schonendes Garen. Wer Französisch versteht, riecht jetzt vermutlich den Braten: *Le vide* heißt übersetzt: das Vakuum. Et voilà: Sous-vide gart man alles in einem Vakuumbeutel im Wasserbad und damit so, dass kaum Flüssigkeit entweichen kann. Es zieht sich nichts zusammen, es dringt kaum Saft nach außen, es behält seine Form und verliert nicht an Aroma. Übergaren gibt's nicht und damit auch nichts Trockenes, Zähes. Wobei das natürlich nicht das einzige Gericht ist, das man sous-vide garen kann. Neben allen möglichen Fleisch- und Fischsorten reagieren auch Gemüse und Obst ausgesprochen wohlschmeckend auf diese Methode.
Um es kurz zu machen: Es kommt auf die exakte Gartemperatur an. Restaurants hantieren mit Vakuumierer und Thermalisierer, die sich private Steakesser nicht leisten können.
Jow kann man sich leisten. Und er hat beschlossen, dass Sous-vide nicht länger ein Geheimtipp bleiben soll. Früher war Sous-vide der große Zaubertrick der Sterneküche, heute funktioniert das auch ganz ohne zusätzliches Vakuumiergerät sogar mit wiederverwendbaren Beuteln. Hat man Jow, braucht man keine teuren Geräte. Man braucht nicht einmal eine Küche.

The Joy of STEAMING

Jow, der gedämpfte Vegetarier

Jow mag Accessoires. Nicht dass er sich gern mit Goldkettchen behängt, falls sich da jetzt wer wundert. Jow mag Accessoires, die einen Zweck haben. Mehr noch: einen Sinn. Mit einem Dämpfeinsatz oder einem Sieb zum Beispiel kann Jow Gemüse dämpfen. Der Zweck: Er erweitert sein Rezeptrepertoire. Der Sinn: Er kocht sehr gesund.
Schauen wir ihm einmal zu:
Zuerst braucht er gesalzenes Wasser. Nicht zu viel und nicht zu wenig. Das Gemüse soll nicht mit der Flüssigkeit in Berührung kommen, es muss aber genug Wasser für die gesamte Garzeit drin sein. Kräuter, Gewürze oder Zitronenschale im Wasser unterstützen den Eigengeschmack des Gemüses.
Das Gemüse ins Sieb geben und mit Frischhaltefolie abdecken, so gut es geht. Das löst das Problem mit dem Deckel. Der schließt nämlich nicht ganz, wenn Jow mit dem Sieb kocht. Dann legt Jow los und lässt einmal ordentlich Dampf ab.
Jow kann übrigens fast alles dämpfen. Artischocken, Brokkoli, Blumenkohl, Zucchini, Spargel, Bohnen, Zuckerschoten, Spinat oder Mangold. Je kleiner die Stücke, desto schneller ist Jow. Das Gemüse ist gedämpft, bevor man „Guten Appetit!" sagen kann.

Garen & Dämpfen

Je kleiner man das Gemüse schneidet, desto schneller ist es fertig. Damit es Jow gleichmäßig dämpfen kann, braucht das Gemüse ausreichend Platz. Mehr als zwei Portionen passen nicht in ein Sieb.
Die Garzeiten beim Dämpfen sind etwas länger als beim Kochen:

Blumenkohl, also Karfiol, Artischocken und Karotten	10–20 Minuten
Brokkoli, Spargel und Zuckerschoten	10–15 Minuten
Mangold und Spinat	4–6 Minuten

Das Gemüse sollte bissfest sein.
Zur Sicherheit kann man die Konsistenz ein paar Minuten vor dem Ende der Garzeit überprüfen.

BASIS

Gemüsefond / Gemüsesuppe vv

2–3 PERSONEN
60 MINUTEN

ZUTATEN

- 2 **kleine Karotten**
- 1/4 **Sellerieknolle**
- 2 **Petersilienwurzeln**
- 1/2 **Zwiebel mit Schale**
- 1 **Stangensellerie**
- 1 **Tomate**
- 1 **Lorbeerblatt**
- 5 **Pfefferkörner**
- 1 l **kaltes Wasser**
- **Salz**

TOOLS
Jow, Schüssel, Messer, Brett, Schäler, Schöpfer

Das Gemüse waschen und gegebenenfalls schälen.
Das Gemüse bis auf die Zwiebel (wichtig: mit Schale wegen der Farbe) in etwa 2 x 2 cm große Würfel schneiden.
Das Gemüse mit den Gewürzen und dem Salz in Jow geben. Wichtig ist, dass du das Gemüse mit kaltem Wasser aufkochst. (Achtung: Wasserkocher nicht über die Maximalgrenze füllen!)
Den Wasserkocher mit geschlossenem Deckel einschalten, das Wasser einmal aufkochen lassen und das Gemüse dann 10 bis 15 Minuten ziehen lassen. Diesen Vorgang innerhalb der nächsten 40 bis 60 Minuten mehrmals wiederholen.
Danach den Fond bei geschlossenem Deckel in eine Schüssel abgießen, sodass die Gemüsestücke in Jow zurückbleiben.
Die Flüssigkeit je nach Verwendungszweck (Suppe oder Fond) und Geschmack würzen. Fonds nicht oder nicht zu stark salzen, da sie noch konzentriert werden und den Eigengeschmack der jeweiligen Speise nur unterstreichen sollen.

Tipps und Wissen
Wer mehr Zeit hat, lässt die Suppe öfter aufkochen und ziehen. Dadurch wird der Geschmack intensiver.

Die Ursprünge der Suppe sind in der Steinzeit zu finden. Damals wurden breiartige Speisen in wasserfesten Kochsäcken zubereitet und verzehrt. Mit der Entwicklung des Tongefäßes zwischen 9000 und 7000 vor Christus konnten dann Wasser, Getreide und verschiedene weitere Zutaten in einem festen Behälter gekocht werden.

max
1.7l
min
0.5l

Hühnerfond / Hühnersuppe
Rinderfond / Rindersuppe

2–3 PERSONEN
60 MINUTEN

ZUTATEN

2 **kleine Karotten**
1/4 **Sellerieknolle**
2 **Petersilienwurzeln**
1/2 **Zwiebel mit Schale**
1 **Stangensellerie**
1 **Tomate**
1 **Lorbeerblatt**
5 **Pfefferkörner**
1 l **kaltes Wasser**
Salz

HÜHNERSUPPE
1 **Hühnerbrust**

RINDERSUPPE
2 **Markknochen**
200 g **Suppenfleisch vom Rind**

TOOLS
Jow, Schöpfer, Schüssel, Brett, Messer, Schäler

Das Grundrezept gleicht dem Rezept für Gemüsefond und Gemüsesuppe auf Seite 37. Gemüse waschen, gegebenenfalls schälen und alles bis auf die Zwiebel würfelig schneiden. Dann gibst du die Würfel entweder mit der Hühnerbrust oder dem Suppenfleisch mit Knochen in Jow. Das Wasser hinzugeben. Wichtig ist, dass du Gemüse, Fleisch und Knochen mit kaltem Wasser aufkochst; so erzielst du den bestmöglichen Geschmack.
Jow mit geschlossenem Deckel einschalten und das Wasser aufkochen lassen, bis sich der Kocher ausschaltet. 10 bis 15 Minuten ziehen lassen und den Vorgang innerhalb von 40 bis 60 Minuten mehrmals wiederholen.
Danach den Fond bei geschlossenem Deckel in eine Schüssel abgießen, sodass Gemüse und Fleisch in Jow zurückbleiben.
Die Flüssigkeit je nach Verwendungszweck (Suppe oder Fond) und Geschmack würzen. Das gekochte Fleisch kann auch als delikate Suppeneinlage verwendet werden.

Tipps
Fleischsuppen nie vor dem Kochen salzen, da sonst die für den Geschmack wichtigen Mineralsalze aus den Fleischzellen nicht gelöst werden. Wenn die Suppe dennoch dünn schmeckt, kann mit selbst gemachtem Suppenpulver – natürlich bio – nachgeholfen werden. Das machen auch berühmte Köche so. Dazu brauchst du allerdings hin und wieder Zugang zu einem Backrohr und einem Mixer. Zuerst lässt du zerkleinertes Biosuppengemüse und Kräuter wie Liebstöckel (= Maggikraut), Petersilie, nach Geschmack auch Ingwer, Knoblauch oder Pilze und Fenchel, im Rohr bei Umluft und 80 °C 5 Stunden trocknen. Wenn sich Kondenswasser an der Innenseite des Ofens bildet, immer mal wieder mit einem Tuch abwischen. Zuletzt wird das Trockengemüse fein gemahlen, gesalzen und im Schraubglas aufbewahrt. Hält gut ein Jahr.

Couscous / Bulgur VV

1–2 PERSONEN
10 MINUTEN

ZUTATEN

COUSCOUS

200 ml **Wasser oder Gemüsefond**
Olivenöl
Salz
200 g **Couscous**

BULGUR

1 l **Wasser**
Salz
200 g **Bulgur**

TOOLS
Jow, Löffel oder Gabel, Sieb, Waage

COUSCOUS
Zu Beginn kochst du das Wasser oder den Gemüsefond mit etwas Olivenöl und Salz in Jow auf. Nun wird der Couscous in die Flüssigkeit eingerührt, bis alles zu einer zähen Masse wird. Das Ganze sollte dann für 4 bis 6 Minuten bei geschlossenem Deckel ziehen.
Ist dir Couscous allein zu langweilig, hast du inzwischen Zeit genug, dich mit einem tollen Salat zu beschäftigen. Rezepte dazu findest du ab Seite 81.
Nach ablaufen der Zeit sollte alles fertig durchgezogen sein, und du weißt, Jow wartet nicht gern. Nimm ihm den Couscous ab, du musst ihn nur noch mit einer Gabel oder einem Löffel lockern, bevor er fertig zum Servieren ist.

BULGUR
Um ein perfektes Ergebnis zu erreichen, kochst du zuerst Salzwasser in Jow auf. Dann gibst du den Bulgur dazu und lässt die Masse für 5 bis 8 Minuten bei geschlossenem Deckel brodeln. Dabei musst du Jow immer wieder reaktivieren, er schaltet sich ja von allein ab, wenn er glaubt, fertig zu sein.
Dass der Bulgur durch ist, erkennst du daran, dass die Körner weich sind. Dann musst du die Masse nur noch auf einem Teller anrichten. Bulgur kann als sättigende Beilage dienen, aber in Form gebracht auch als Hauptspeise serviert werden. Es müssen nicht immer nur Laibchen sein, lass deine Fantasie aus der Kiste, und mach zum Beispiel Bulgur-Cevapcici.

Wissen
Couscous wird aus befeuchtetem und zu Kügelchen zerriebenem Grieß aus Hartweizen, Gerste oder Hirse hergestellt. Bulgur dagegen ist vorgekochter Weizen.

Perlgraupen / Quinoa VV

1–2 PERSONEN
25–30 MINUTEN

ZUTATEN

PERLGRAUPEN
1 l **Wasser**
Salz
200 g **Perlgraupen**

QUINOA
100 g **weiße Quinoa**
1 l **Wasser oder Fond deiner Wahl**
Salz
Olivenöl

TOOLS
Jow, Sieb, Waage

PERLGRAUPEN
Zuerst lässt du gesalzenes Wasser aufkochen, bevor du die Perlgraupen dazugeben kannst. Nun schaltest du Jow wieder ein und stellst gleichzeitig einen Wecker für 10 Minuten. Das Ganze wiederholst du dann noch einmal, damit die Masse insgesamt dreimal aufkochen kann, und lässt es bei geschlossenem Deckel für eine Weile ziehen.
Nach dem dritten Mal aufkochen wartest du eine Weile und schüttest dann die Masse in ein Sieb, um überflüssiges Wasser loszuwerden. Schon sind die Perlgraupen essfertig. Du kannst sie für eine Suppe verwenden oder wie Risotto kochen. Rezeptideen dazu findest du auf den Seiten 109 und 131.

QUINOA
Die Quinoa musst du zuerst in ein Sieb geben und mit kaltem Wasser abwaschen, weil sie sonst bitter schmecken könnte. Danach salzt du das Wasser, gibst Olivenöl dazu und kochst es in Jow auf. Nun kommt die Quinoa dazu, die du für ungefähr 10 Minuten weich kochen lässt. Dabei musst du Jow zwar ständig reaktivieren, aber das kennst du ja schon.
Ist die Zeit um, kannst du das überschüssige Wasser über einem Sieb abgießen. Die fertige Quinoa kannst du für Salate, aber auch für Eintöpfe oder sogar Süßspeisen nutzen.

Wissen
Graupen sind nichts anderes als Gersten- oder Weizenkörner, die nach der Ernte geschält und poliert werden. Quinoas dagegen sind glutenfrei und in mehr als 100 Arten erhältlich. Bei uns sind mit der weißen, der roten und der schwarzen Quinoa drei Sorten bekannt.

Reis vv

1–2 PERSONEN
20 MINUTEN

ZUTATEN

1 l	**Wasser**
	Salz
1–2 Portionen	**Reis im Kochbeutel** *(Garzeit nach Packungsangabe)*

VERFEINERN

1	**Zwiebel**
4–5	**Nelken**
1 Stängel	**Zitronengras**
1	**Ingwer** *(geschält)*

TOOLS
Jow

Nach vielem Probieren steht fest: Jow verträgt Reis am besten in einem Kochbeutel. Alles andere wäre viel zu umständlich und macht nur viel Chaos. Deshalb kochst du gesalzenes Wasser in Jow auf und gibst danach den Reis im Kochbeutel hinein. Du schließt den Deckel, lässt das Wasser weitere drei Mal aufkochen und nach jedem Aufkochen je 5 Minuten ziehen. Bevor du den Kochbeutel öffnest, musst du kontrollieren, ob der Reis ausreichend gegart ist. Fühlt er sich schön weich an, kannst du ihn als klassische Beilage servieren.
Wenn dir Reis allein zu langweilig ist, gib beim Kochen zusätzlich eine geschälte Zwiebel dazu, die du mit 4 bis 5 Nelken gespickt hast. Daneben kommen noch Ingwer und ein Stängel zerdrücktes Zitronengras in Jow. Diesen Reis macht dir so schnell niemand nach.

Wissen
Reis ist das Grundnahrungsmittel für rund drei Milliarden Menschen. In China werden jährlich etwa 100 Kilogramm Reis pro Kopf verzehrt, in Europa sind es gerade einmal 10 Kilogramm.
Längst gibt es nicht nur Langkornreis im Kochbeutel, auch Wildreismischungen, Thai-Jasmin-Sorten und natürlich Bio-Naturreissäckchen werden angeboten. Selbst Risi-Bisi-Bällchen sind im Beutel zu haben.

1.0
min
0.5

Gekochte Kartoffeln VV

3–4 PERSONEN
30 MINUTEN

ZUTATEN

etwa 600 ml	**Wasser**
	Salz
800 g	**Kartoffeln** *(festkochend oder mehlig)*

ZUM VERFEINERN

1–2	**Knoblauchzehen**
1 Zweig	**Rosmarin**
5 Zweige	**Thymian**
10	**Pfefferkörner**
1 TL	**Kümmel**

NACH DEM KOCHEN
Olivenöl, Butter
Petersilie, Dill, Rosmarin, Estragon *(gehackt)*

ALTERNATIV
Saft einer 1/2 Zitrone oder Essig
Lieblingsgewürz (Paprikapulver, Pfeffer ...)

TOOLS
Jow, Gabel, Schäler, Waage, Schüssel

Gesalzenes Wasser in Jow aufkochen, dann Kartoffeln dazugeben. Je nach Sorte und persönlichem Geschmack kannst du sie vorher schälen und/oder halbieren. Ungeschälte Kartoffeln müssen aber unbedingt gut abgewaschen werden, ehe sie in Jow landen.

Jetzt verschließt du den Deckel und lässt das Wasser aufkochen. Pass bitte auf, dass nicht zu wenig und nicht zu viel Wasser in Jow ist. Wenn alle Kartoffeln bedeckt sind, hast du es richtig getroffen. Jow immer wieder einschalten, sodass das Wasser schön brodelt. Stell aber vor jedem Einschalten sicher, dass noch genügend Wasser in Jow ist – falls nicht, brennen die Kartoffeln nämlich leicht an. Nach 10 bis 15 Minuten schaust du nach, ob die Kartoffeln schon weich sind. Am besten stichst du mit einem spitzen Messer hinein. Wenn es durchrutscht, sind sie perfekt. Dann solltest du sie auch schon herausnehmen, damit sie nicht zerfallen.

Für mehr Geschmack kannst du gleich beim Aufkochen zum Beispiel eine zerdrückte Knoblauchzehe oder verschiedene Gewürze in einem Gewürzsack (siehe Seite 101) ins Wasser geben. Das verleiht den Kartoffeln eine individuelle Note.

Alternativ die Kartoffeln nach dem Kochen in reinem Salzwasser in eine Schüssel geben und sie schnell in Butter und Olivenöl schwenken. Vor dem Servieren bestreust du sie mit gehackten Kräutern wie Dill, Petersilie, Estragon oder Rosmarin.

Die dritte Möglichkeit ist, die im Salzwasser gekochten Kartoffeln mit Zitronensaft oder Essig zu beträufeln und mit deinem Lieblingsgewürz abzuschmecken. Besonders gut passen frisch gemahlener Pfeffer oder Paprikapulver.

Wissen

Es gibt weltweit mehrere Tausend Kartoffelsorten. Viele haben weibliche Namen wie Sieglinde, Nicola oder Ditta. Letztere wurde erst 1991 zugelassen, hat aber viele andere, teils weit aromatischere Sorten aus dem Handel verdrängt. Ältere Sorten wie Sieglinde sind inzwischen nur noch selten direkt bei Bauern zu finden. In Deutschland wird jedes Jahr eine „Kartoffel des Jahres" gekürt. Erster Preisträger war 2006 der „Blaue Schwede".

Kartoffelpüree V

2–3 PERSONEN
15 MINUTEN

ZUTATEN

etwa 600 ml **Wasser**
Salz
250 g **Kartoffeln** *(mehlig kochend)*
500 ml **Milch**
40 g **Butterstückchen**
Salz
Muskatnuss *(gemahlen)*

VERFEINERN

1–2 EL **Kerbel** *(gehackt)*
1–2 EL **Estragon** *(gehackt)*

TOOLS

Jow, Schüssel, Messer, Gabel oder Kartoffelpresse, Waage, Schneebesen, Schneidebrett

Zuerst kochst du gesalzenes Wasser in Jow auf. Schäle die Kartoffeln, und gib sie ins kochende Wasser. 10 bis 15 Minuten kochen lassen; dafür musst du Jow immer wieder einschalten. Überprüfe dabei, ob du noch etwas Wasser nachgießen musst. Ist die Flüssigkeit verkocht, laufen die Kartoffeln auf Grund und brennen an.
Sind die Kartoffeln durch, kannst du sie herausnehmen und etwas ausdampfen lassen. Dann mit einer Gabel zu Püree zerdrücken. Sehr feines Püree erhältst du mit einer richtigen Kartoffelpresse. Nun reinigst du Jow gründlich und spülst ihn mit kaltem Wasser aus. Dann gibst du die Milch hinein, die du unter ständigem Rühren erwärmst, aber nicht zum Kochen bringst.
Gib die gepressten Kartoffeln in eine Schüssel, und misch mit einem Schneebesen die heiße Milch, die Butterstückchen, Muskatnuss und Salz ein, bis das Püree schön cremig wird.
Natürlich kannst du auch andere Kräuter nach deinem persönlichen Geschmack zugeben, zum Beispiel Kerbel oder Estragon.

Tipps und Wissen
Kartoffel- oder Erdäpfelpüree wird regional auch Kartoffelbrei, Kartoffelmus oder Abernmauke genannt. Als Grundlage eignen sich mehlig kochende Kartoffeln, nur sie ergeben die richtige Konsistenz.
In Spitzenküchen wird oft das Verhältnis von Milch und Butter zugunsten der Butter gedreht. Angeblich gibt es Pürees, die nur mit Butter aufgeschlagen sind, aber dann auch entsprechend deftig ausfallen.

Kartoffelpüree kann leicht abgewandelt werden. Gemüsebrei aus Zwiebel oder Sellerie dazu oder Reibkäse untermischen, und schon hast du eine neue Variante.

Kartoffelteig für Gnocchi V

2–3 PERSONEN
30 MINUTEN

ZUTATEN

- *etwa 600 ml* **Wasser**
- *250 g* **Kartoffeln** *(mehlig kochend)*
- *50 g* **Mehl**
- *50 g* **Maisstärke**
- *1 EL* **Topfen/Quark**
- *2* **Eigelb**
- **Salz**
- **Olivenöl**

TOOLS
Jow, Schüssel, Messer, Kartoffelpresse oder Gabel, Schneebesen, Brett

Gare zunächst die Kartoffeln in Jow. Wie das geht, erfährst du auf Seite 47. Danach werden die Kartoffeln zerdrückt. Dafür eignet sich am besten eine Kartoffelpresse, zur Not geht es auch mit einer Gabel. Das ist aber aufwendiger, und die Masse wird weniger fein.

Jetzt gibst du die restlichen Zutaten dazu und knetest aus allem einen Teig. Dann formst du längliche Rollen, die ungefähr so dick sind wie zwei Finger. Im nächsten Schritt schneidest du die Rollen in Stücke, die wiederum etwa so lang wie zwei Finger breit sind. Aus denen formst du kleine Kugeln. Verwende dafür etwas Mehl, damit deine Finger nicht verkleben.

Die fertigen Kugeln drückst du nun leicht flach und rollst sie über eine Gabel, damit entsteht die typische Gnocchi-Form. Die Gnocchi nun noch einmal in gesalzenem Wasser in Jow aufkochen, am besten in zwei Portionen. Sobald sie aufsteigen, sind die Gnocchi fertig und können serviert werden.

Tipps

Frischer Kartoffelteig sollte immer schnellstmöglich verarbeitet und gekocht werden. Ansonsten gibt er die Feuchtigkeit ab, und die Masse wird klebrig.

Gnocchi kann man auch vegan – ohne Ei – zubereiten. Dafür eignen sich besser festkochende Kartoffeln. Statt Ei, Topfen, Maisstärke und Mehl gibst du nur 15 g Kartoffelstärke zu den 250 g Kartoffeln und würzt mit etwas Salz. Der Teig wird dann nicht geknetet, sondern nur grob verrührt. Sonst verfährst du genauso wie im Rezept beschrieben.

max
1.7l
max Tea
1.4l

Kartoffelknödel v

1–2 PERSONEN
20–30 MINUTEN

ZUTATEN

etwa 600 ml **Wasser**
250 g **Kartoffeln** *(mehlig kochend)*
50 g **Maisstärke**
50 g **Mehl**
2 **Eigelb**
Salz

TOOLS
Jow, Schäler, Schüssel, Waage, Kartoffelpresse oder Gabel

Zuerst kochst du gesalzenes Wasser in Jow auf. Schäle die Kartoffeln, und gib sie ins kochende Wasser. 10 bis 15 Minuten kochen lassen; dafür musst du Jow immer wieder einschalten.
Wenn die Kartoffeln gar sind, holst du sie heraus und zerdrückst sie in einer Schüssel. Eine Presse macht die Masse sehr fein, eine Gabel ist aber grundsätzlich ausreichend. Nun knetest du die restlichen Zutaten mit den Händen in den Teig ein. Dabei musst du dich etwas beeilen, denn die Knödel lassen sich einfacher formen, wenn der Teig noch warm ist. Die Knödel sollten nicht zu groß sein, denn sie müssen ja noch in Jow passen.
Dafür füllst du noch einmal Wasser ein, salzt es und lässt es aufkochen. Nun gibst du die Knödel portionsweise hinzu und lässt sie in 10 bis 15 Minuten zweimal aufkochen und bei geschlossenem Deckel durchziehen. Um sicherzugehen, dass alle Knödel durch sind, fisch einfach einen aus dem Wasser, und schneid ihn in der Mitte auf. Ist der Teig in der Mitte trocken, kannst du das restliche Wasser aus Jow abgießen und die Knödel servieren.

Tipps
Gare einen Probeknödel, um festzustellen, ob der Teig die richtige Konsistenz hat. Zerfällt der Knödel beim Kochen, musst du noch etwas Mehl oder Kartoffeln in den Teig mischen. Fühlt sich der Teig zu fest an, mischst du Wasser, Ei oder Topfen/Quark unter, und die Masse wird weicher.

Kartoffelstampf v

2–3 PERSONEN
20–30 MINUTEN

ZUTATEN

etwa 600 ml	**Wasser**
250–300 g	**Kartoffeln** *(mehlig kochend)*
2–3 EL	**Frischkäse**
1/4	**Zitrone** *(Saft)*
3 EL	**Olivenöl**
	Pfeffer *(gemahlen)*
	Salz

TOOLS
Jow, Schäler, Schüssel, Waage, Gabel

Zuerst bringst du gesalzenes Wasser in Jow zum Kochen. In dieser Zeit schälst du die Kartoffeln und halbierst oder viertelst sie. Dann kommen sie auch schon ins Wasser. Dort sollen sie für 10 bis 15 Minuten bei geschlossenem Deckel schwimmen gehen. Jow dabei laufend wieder einschalten, damit die Kartoffeln die ganze Zeit über sprudelnd kochen.
Wichtig ist, dass die Kartoffeln nicht auf dem Boden festkleben und es kein Hochwasser gibt. Deshalb solltest du mehrmals den Wasserstand prüfen und bei Bedarf etwas Wasser nachgießen. Fertig sind die Kartoffeln, wenn sie sich leicht mit einer Gabel durchstechen lassen.
Dann nimmst du sie einfach heraus, gibst sie in eine Schüssel und zerstampfst sie. Gib die restlichen Zutaten hinzu, und vermenge die Masse zu einem gleichmäßigen Püree. Nun kannst du den Kartoffelstampf servieren.

Wissen

Kartoffeln zählen zu den Nachtschattengewächsen und sind somit Geschwister von Tomaten und Auberginen. Ursprünglich kommen sie aus Südamerika und wurden von dort im 16. Jahrhundert nach Spanien gebracht.

Rote-Zwiebeln-Pickle vv
Holunder-Gurken-Pickle vv

15–20 MINUTEN

ZUTATEN

ZWIEBEL-PICKLE

5–8 **rote Zwiebeln**
300 ml **Wasser**
300 ml **Chardonnayessig oder weißer Balsamico**
120 g **Zucker**
10 **schwarze und rote Pfefferkörner**
1 Zweig **Rosmarin**

HOLUNDER-GURKEN-PICKLE

3 **Salatgurken**
200 ml **Holundersirup** *(Seite 217)*
300 ml **Wasser**
300 ml **Chardonnayessig oder weißer Balsamico**

TOOLS
Jow, Waage, Messer, Löffel, Brett, große Einmachgläser

ROTE-ZWIEBELN-PICKLE
Schäle die Zwiebeln, halbiere und schneide sie in 3 Millimeter dünne Scheiben. Achte darauf, dass du die Scheiben nach dem Schneiden nicht wieder aufeinanderlegst, sonst kleben sie zusammen.
Die restlichen Zutaten gibst du in Jow und lässt sie einmal aufkochen. Dann gibst du die Zwiebeln dazu und lässt sie ziehen. Sobald sie glasig aussehen, sind sie fertig. Lass sie nicht zu lang in der heißen Flüssigkeit, sonst werden sie zu weich.
Jetzt verteilst du die Zwiebeln auf Einmachgläser und schüttest die Flüssigkeit aus Jow, den sogenannten Sud, darüber. Die Gläser fest verschließen. So bleibt das Pickle über mehrere Monate haltbar.

HOLUNDER-GURKEN-PICKLE
Schäle die Gurken, und halbiere sie der Länge nach. Das weiche Innere mit den Kernen kratzt du mit einem Löffel heraus. Dann schneidest du die Hälften in 5 Millimeter dünne Scheiben und verteilst sie auf die Einmachgläser. In den Gläsern sollte noch genügend Platz für den Sud sein, den du jetzt zubereitest.
Dafür gibst du die restlichen Zutaten in Jow und lässt sie einmal aufkochen. Schon kannst du die Flüssigkeit über die Gurkenstücke schütten und die Gläser verschließen. Die Gurken sind darin über mehrere Monate haltbar.

Tipps
Wenn du ein altes Marmeladenglas verwenden willst, solltest du es vor der Verwendung in Jow geben und 5 Minuten mit Wasser aufkochen. So wird das Glas keimfrei.
Gourmets legen viele Arten von Gemüse sauer ein. Gut geeignet sind Paprikaschoten und Blumenkohl, aber auch Stangensellerie oder Karotten.

FRÜHSTÜCK

Weißwurst

2–3 PERSONEN
12 MINUTEN

ZUTATEN

2 **Petersilienstängel**
1 **Lorbeerblatt**
4 **Weißwürste**

ZUM VERFEINERN
1 **Opferwurst (Weißwurst)**

TOOLS
Jow

Es ist keine Wissenschaft, eine Weißwurst richtig zu erwärmen. Doch ein paar Todsünden musst du trotzdem vermeiden. Am wichtigsten ist, dass die Würste nicht kochen. Ansonsten platzt der Schweinedarm, und die Würste sind nicht mehr genießbar.

Füll Jow mit Wasser, und lass es einmal aufkochen. Dann gib die Petersilienstängel und das Lorbeerblatt hinein. Dazu kommt eine sogenannte Opferwurst. Das ist eine der Länge nach aufgeschnittene Weißwurst, die ihren Geschmack ins Wasser abgibt. So verwässern die anderen Würste nicht.

Jetzt kochst du diesen Sud noch einmal auf, dann kannst du die restlichen Weißwürste dazugeben. Du schließt den Deckel und lässt alles 5 bis 10 Minuten ziehen. Danach sind die Würste heiß, aber nicht geplatzt. Um sie warm zu halten, kannst du Jow auf den Esstisch stellen. Die Weißwurst wird erst dann herausgenommen, wenn sie gegessen werden soll.

Wissen

Für Weißwürste wurde früher schlachtfrisches Fleisch eingesetzt, was den Vorteil hatte, dass keine Bindemittel nötig waren. Der Nachteil war, dass die Weißwurst „spritzte“, sobald sie geschnitten wurde, weshalb das „Zuzeln“ die weitaus höflichere und feinere Art war, die Wurst zu essen.

Weiches bis hartes Ei v

1–4 PERSONEN
5–16 MINUTEN

ZUTATEN

1–4 **Eier**
Essig
Salz

TOOLS
Jow, Stecknadel oder Eierpicker

Ein Ei in Jow zu kochen ist nicht schwierig, dennoch ist dabei einiges zu beachten. Zuerst bringst du so viel Wasser zum Kochen, dass später alle Eier komplett bedeckt sind. Die Eier stichst du an der flachen Seite mit einem Eierpicker an. Alternativ geht natürlich auch eine Stecknadel. Dabei musst du aber sehr vorsichtig sein, um das Loch nicht zu groß zu machen.
Sobald das Wasser kocht, legst du die Eier vorsichtig in Jow und schaltest ihn noch einmal ein. Die Luft strömt nun aus dem kleinen Loch im Ei heraus und verhindert, dass das Ei zerspringt.
Sobald das Wasser wieder brodelt, kannst du einen Timer stellen. Für ein weiches Ei genügen 5 bis 6 Minuten im heißen Wasserbad, ein wachsweiches Ei braucht 9 bis 10 Minuten und ein hartes Ei 15 Minuten.
Nach dem Garziehen fischst du die Eier mit einem Löffel aus dem Wasserbad und schreckst sie unter dem Wasserhahn ab. Sobald sich die Schale kühl anfühlt, kannst du die Eier auch schon servieren und nach Geschmack mit einer Prise Salz genießen.

Tipp
Gibt man einen kleinen Schuss Essig mit ins Kochwasser, können die Eier zwar auch platzen, laufen aber nicht aus: Der Essig bewirkt, dass das Eiweiß sofort stockt. Durch das Abschrecken wird das Ei übrigens nicht kalt, da die Hitze im Inneren ausreicht, um das Ei warm zu halten.

Rührei v

1–2 PERSONEN
5–10 MINUTEN

ZUTATEN

3–4 **Eier**
Milch oder Mineralwasser
Salz
Pfeffer
1 EL **Butter**
Tomaten
Schinkenstreifen
Käse
Petersilie oder Schnittlauch

ZUM VERFEINERN

1–2 Scheiben **Räucherlachs**
1–2 EL **gekochte oder eingelegte Krustentiere**
Trüffel *(gehobelt)*

TOOLS

Jow, Metallschüssel, Schneebesen oder Gabel, Gummispachtel

Zu Beginn schlägst du die Eier in eine Schüssel. Dazu kommt ein Schuss Milch oder Mineralwasser. So wird das Rührei später lockerer. Die Eier verrührst du nun mit einem Schneebesen und schmeckst sie mit Salz und Pfeffer ab.
Jetzt hast du zwei Möglichkeiten, dein Rührei zuzubereiten. Immer wichtig ist es dabei, dass die Eier nur ganz kurz stocken, damit sie saftig bleiben.

1.
Löse die Butter in Jow auf, und gib zum Beispiel Tomaten, Schinken und Käse dazu. Nach kurzem Anschwitzen kommen die Eier hinein. Jetzt verrührst du alles mit einer Gummispachtel, während du Jow mehrmals ein- und wieder ausschaltest. So lässt sich die Temperatur besser kontrollieren, und das Rührei brennt nicht an. Wenn das Ei langsam fest wird, ist es auch schon fertig und kann gegessen werden.

2.
Füll Jow zur Hälfte mit Wasser, und lass es aufkochen. Jetzt öffnest du den Deckel und stellst eine Metallschüssel auf. Gib die Eier in die Schüssel. Durch den Wasserdampf erwärmt sich die Schüssel, und somit entsteht ein schönes Rührei. Da das Erwärmen so sanft funktioniert, brauchst du die Eier nur hin und wieder ein wenig zu verschieben, ständiges Rühren ist unnötig. Zum Verfeinern gibst du zum Schluss noch Kräuter hinzu – fertig ist die perfekte Eierspeise.

Tipp
Für ein besonders edles Rührei hoble einige Trüffelspäne darüber, oder gib Krustentiere wie Shrimps oder auch Räucherlachs hinzu.

Pochiertes Ei v

2–3 PERSONEN
5 MINUTEN

ZUTATEN

800 ml **Wasser**
1 Schuss **weißer Essig**
2–3 **Eier**
Salz

TOOLS
Jow, Löffel oder Schaumkelle, Schneebesen, Schüssel

Lass das Wasser mit einem Schuss Essig in Jow aufkochen. Schlag die Eier auf, und gib sie vorsichtig in eine Schüssel. Pass dabei auf, dass die Dotter ganz bleiben. Sobald das Wasser in Jow kocht, rührst du es mit einem Schneebesen um.

In den entstehenden Strudel gibst du die Eier. Das sich drehende Wasser sorgt dafür, dass sich Eigelb und Eiweiß trennen. Der Essig bewirkt zudem, dass das Eiweiß sofort von außen stockt, dabei aber der Dotter innen weich bleibt.

Nun lässt du Jow 3 bis 4 Minuten stehen. Mit einer Schaumkelle oder einem Löffel holst du das pochierte Ei heraus und legst es in eine Schüssel. Je nach Größe von Jow kannst du ein oder zwei Eier zugleich pochieren. Wenn die gewünschte Anzahl von Eiern fertig ist, gib nach Geschmack Salz hinzu, dann kannst du sie auch schon servieren und genießen.

Tipp

Um noch mehr Geschmack aus dem pochierten Ei herauszuholen, solltest du es stets erst zum Schluss salzen. So trocknet es nicht aus.

Eier Benedict mit Sauce hollandaise und Babyspinat V

2–3 PERSONEN
10–15 MINUTEN

ZUTATEN

pochiertes Ei *(Seite 67)*
weißer Essig
Salz

SAUCE HOLLANDAISE
125 g **Butterschmalz**
2 **Eigelb**
3 EL **Weißwein**
Salz
Zitronensaft

BABYSPINAT
20–40 g **Babyspinat** *(geputzt)*
1 EL **weißer Balsamico**
Salz
Olivenöl

TOOLS
Jow, Metallschüssel, Schneebesen, Teetasse oder Messbecher, Waage

Die Grundzutat für die Eier Benedict ist pochiertes Ei. Wie du das zubereitest, erfährst auf Seite 67. Zunächst solltest du aber die Sauce hollandaise fertigstellen.
Dafür füllst du Jow halb mit Wasser und lässt es aufkochen. Danach öffnest du den Deckel und stellst die Metallschüssel auf Jow. Darin zerlässt du das Butterschmalz und füllst es in einen Messbecher oder eine Teetasse um.
Die Schüssel kurz auswaschen, dann Eigelb und Weißwein hineingeben. Jetzt stellst du die Metallschüssel wieder auf Jow, schaltest ihn ein, lässt das Wasser aber nicht aufkochen. Wenn die Wassertemperatur bei etwa 80 °C liegt, solltest du Jow unbedingt ausschalten. Bei dieser Temperatur beginnt das Ei zu gerinnen.
Unter ständigem Schlagen mit dem Schneebesen schlägst du nun die Masse schaumig. Wenn du denkst, dass die Sauce zu heiß wird, nimmst du die Schüssel einfach kurz von Jow herunter. Dabei das Schlagen nicht vergessen. Gerinnt das Ei dennoch, musst du eiskaltes Wasser einrühren, um die Sauce hollandaise zu retten. Wenn die Sauce die perfekte Konsistenz hat, schmeckst du sie mit Salz und Zitronensaft ab.
Für den Spinat alle Zutaten in eine Schüssel geben und vermengen.
Erst jetzt bereitest du das pochierte Ei zu. Zum Servieren den Spinat auf die Sauce hollandaise setzen, zusammen mit dem pochierten Ei servieren und genießen.

Wissen

Zunächst als Sauce isigny bekannt - angelehnt an den französischen Ort Ville d` Isigny-sur-Mer, der damals weltberühmt für seine hervorragende Butterherstellung war, erfolgte die Umbenennung in „Sauce hollandaise“ im Laufe des Ersten Weltkrieges. Da die Butterproduktion in Frankreich während des Krieges zum Erliegen kam, war man gezwungen, zu importieren - unter anderem auch aus Holland. Daraus ging der Name „Sauce hollandaise“ hervor.

Tomatenmarmelade VV

30–40 MINUTEN

ZUTATEN

500 g **Tomaten**
6–10 g **Ingwer**
200 g **Gelierzucker** *(3:1)*

TOOLS
Jow, Messer, Brett, Gummispachtel, Einmachgläser, Waage

Jow zur Hälfte mit Wasser füllen und einmal aufkochen lassen. In der Zwischenzeit die Tomaten vom Strunk befreien. Ritze ein kleines Kreuz in das untere Ende, um später die Haut besser abziehen zu können.
Sobald sich Jow abgeschaltet hat, kannst du die Tomaten hineingeben. Lass sie kurz im Wasser schwimmen, bis sich die Haut abzulösen beginnt. Jetzt gießt du das heiße Wasser ab und füllst kaltes Leitungswasser nach. Sind die Tomaten abgeschreckt, lässt sich die Haut ganz leicht entfernen. Schneide das Tomatenfleisch in 1 Zentimeter dicke Würfel.
Gib die Tomatenwürfel mit dem geschälten und fein gehackten Ingwer und dem Gelierzucker zurück in Jow. Mit einer Gummispachtel vermengst du unter ständigem Rühren alles zu einer Masse. Lass sie 5 Minuten köcheln, indem du Jow immer wieder aufs Neue einschaltest.
Bevor du die heiße Marmelade abfüllst, solltest du noch eine Gelierprobe durchführen. Dabei prüfst du, ob die Marmelade am Ende die perfekte Festigkeit besitzen wird. Für die Gelierprobe 1 bis 2 Teelöffel heiße Marmelade auf einen kleinen Teller geben. Wird die Masse nach 4 bis 5 Minuten geleeartig bis dicklich, wird das Eingemachte nach dem Erkalten ausreichend fest sein. Falls die gewünschte Konsistenz noch nicht erreicht wurde, lass die Marmelade noch ein paar Minuten weiterkochen. Wenn die Probe bestanden ist, füllst du die heiße Marmelade in ein Einmachglas. Dabei solltest du es randvoll füllen und sofort den Deckel fest verschrauben. So entsteht ein Vakuum, und die Marmelade ist für mehrere Wochen haltbar. Wenn du ein altes Marmeladenglas verwenden willst, gib es vor der Verwendung in Jow, und koch es 5 Minuten mit Wasser. So wird das Glas keimfrei.

Wissen
Gelierzucker ist eine Mischung aus Zucker und Geliermittel und dient der schnelleren Zubereitung von Marmeladen. Sehr reife Früchte oder solche mit wenig Pektin (zum Beispiel Erdbeeren oder Rhabarber) können im Normalfall nicht gelieren, also fest werden. Durch den Gelierzucker schaffen sie es trotzdem.

Ananas-Zwiebel-Chutney vv

Miso-Dip v

2–3 PERSONEN
30–40 MINUTEN

ZUTATEN

ANANAS-ZWIEBEL-CHUTNEY

250 g **Ananas**
150 g **Zwiebelwürfel**
1 TL **Ingwer** *(gerieben)*
100 g **brauner Zucker**
70 ml **Apfelbalsamessig**
1 Schuss **Ananassaft**
Salz

MISO-DIP

1/2 EL **weiße Misopaste**
300 g **Crème fraîche**
1 **Limettenschale** *(abgerieben)*
Salz *(nach Geschmack)*

TOOLS
Jow, Brett, Messer, Einmachgläser, Waage, Gummispachtel

CHUTNEY
Gleich am Anfang kommt der schwierigste Teil: Du musst das Fleisch der Ananas in 1 Zentimeter breite Würfel schneiden. Das erfordert Methode. Schneid zuerst die beiden Kappen ab. Dann viertelst du die tropische Frucht mit einem starken Messer und schneidest dann den Strunk heraus. Jetzt kannst du die Schale leicht entfernen.
Gib alle Zutaten in Jow, und schalte ihn ein. Dabei ist ständiges Umrühren mit einer Gummispachtel sehr wichtig, sonst brennt das Chutney an.
Zum Schluss füllst du das fertige Ananas-Zwiebel-Chutney in Einmachgläser. Diese sollten bis zum Rand gefüllt werden, bevor du den Deckel fest aufschraubst. Zum Abkühlen stellst du die Gläser auf den Kopf, damit leichter ein Vakuum entstehen kann. Wenn du es an einem kühlen Ort lagerst, ist das Chutney über mehrere Wochen haltbar und passt hervorragend zu Käse.
Wenn du ein altes Marmeladenglas verwenden willst, gib es vor der Verwendung in Jow, und koch es 5 Minuten mit Wasser. So wird das Glas keimfrei.

MISO-DIP
Alle Zutaten in eine Schüssel geben und vermengen – fertig! Passt super zu asiatischen Gerichten und Snacks, wie zum Beispiel Jows Kohlrouladen auf Seite 143.

Tipps und Wissen
Gekochte Zwiebeln verlieren ihren scharfen, beißenden Geschmack und werden leicht süßlich.

Für Ananasfans werden spezielle Schäler angeboten, mit denen sie in einem Arbeitsvorgang Schale und Strunk entfernen können.

Rhabarber-Himbeer-Ingwer-Marmelade VV

30–40 MINUTEN

ZUTATEN

500 g	**Rhabarber**
1	**Vanilleschote**
125 g	**Himbeeren**
100 ml	**Orangensaft**
7 g	**Ingwer** *(geschält und gerieben)*
350 g	**Gelierzucker** *(3:1)*

TOOLS
Jow, Brett,
Messer, Einmachgläser,
Stabmixer, Waage

Gleich am Anfang geht es dem Rhabarber an den Kragen, denn du musst ihm die Haut abziehen. Danach schneidest du ihn in fingerdicke Scheiben. Öffne die Vanilleschote, und kratz das Mark heraus. Danach gibst du die Rhabarberstücke und das Vanillemark zusammen mit Himbeeren, Orangensaft, geriebenem Ingwer und Gelierzucker in Jow.
Bevor du ihn einschaltest, solltest du die Masse gut vermengen. Dann lässt du Jow arbeiten und die Marmelade 5 bis 8 Minuten kochen. Dabei musst du Jow immer wieder einschalten. Um einen samtigen Aufstrich zu erhalten, kannst du die Rhabarberstücke noch mit einem Stabmixer zerkleinern.
Dann machst du noch die Gelierprobe, um herauszufinden, ob die Marmelade später die perfekte Konsistenz haben wird. Eine Anleitung findest du auf der Seite 71.
Wenn die Marmelade fertig ist, füll sie in Einmachgläser. Sie sollten randvoll werden, damit das Vakuum besser entstehen kann. Schraube den Deckel direkt nach dem Einfüllen fest, und stell die Gläser für einige Stunden auf den Kopf. So bleibt die Marmelade über mehrere Wochen ungekühlt haltbar. Wenn du ein altes Marmeladenglas verwenden willst, gib es vor der Verwendung in Jow, und koch es 5 Minuten mit Wasser. So wird das Glas keimfrei.

Wissen
Rhabarber ist botanisch gesehen ein Gemüse, doch er wird meist wie Obst verwendet. Mit viel Zucker gekocht, kann er kalt als Kompott serviert, zu Fruchtmarmeladen hinzugefügt oder zu Kuchenbelag verarbeitet werden.

Gewürzorangenmarmelade VV

30–40 MINUTEN

ZUTATEN

- 9 **Orangen**
- 500 ml **Orangensaft** *(frisch)*
- 600 g **Gelierzucker** *(3:1)*
- 1 Stängel **Zitronengras**

GEWÜRZSACK

- 1 **Anisstern**
- 5 **Kardamomkapseln**
- 1 **Zimtstange**
- 4 **Pimentkörner**
- 4 **Nelken**

TOOLS
Jow, Brett, Messer, Einmachgläser, Waage, Teller

Für perfekte Orangenfilets schneidest du mit einem scharfen Messer von 2 Orangen je eine Scheibe oben und unten ab, sodass das Fruchtfleisch zu sehen ist. Dann stellst du die Orangen jeweils auf eine Schnittfläche und schneidest die restliche Schale in einzelnen Streifen großzügig herunter, sodass auch die weiße Membran entfernt wird. Sie schmeckt leicht bitter und passt nicht zu diesem Rezept.

Nun fährst du mit dem Messer vorsichtig an den einzelnen Trennhäuten entlang und löst die einzelnen Segmente ab. Aus den anderen 7 Orangen den Saft auspressen. Für das Rezept benötigst du etwa 500 Milliliter Saft.

Jetzt gibst du alle Gewürze in einen Teebeutel. Verknote ihn, und gib ihn in Jow. Dazu kommen der Orangensaft, Orangenfilets, Gelierzucker und der zerdrückte Zitronengrasstängel. Das Ganze muss nun aufgekocht werden und 5 bis 10 Minuten köcheln.

Jetzt nimmst du den Gewürzsack heraus und führst die Gelierprobe durch, um herauszufinden, ob die Marmelade später die perfekte Konsistenz hat. Eine detaillierte Anleitung dafür findest du auf der Seite 71.

Wenn die Marmelade fertig ist, füll sie in Einmachgläser. Sie sollten randvoll werden, damit das Vakuum besser entstehen kann. Schraube den Deckel direkt nach dem Einfüllen fest, und stell die Gläser für einige Stunden auf den Kopf. So bleibt die Marmelade über mehrere Wochen ungekühlt haltbar. Wenn du ein altes Marmeladenglas verwenden willst, gib es vor der Verwendung in Jow, und koch es 5 Minuten mit Wasser. So wird das Glas keimfrei.

SALATE

Karotten-Orangen-Dressing vv
Dattel-Senf-Dressing v

4–6 PERSONEN
10–15 MINUTEN

ZUTATEN

KAROTTEN-ORANGEN-DRESSING

- *3–4* **Orangen**
- *250 ml* **Karottensaft**
- *2 EL* **weißer Balsamico**
- *40 ml* **Kürbiskernöl**
- **Salz**

DATTEL-SENF-DRESSING

- *25 g* **Datteln** *(gedörrt)*
- *150 ml* **Wasser**
- *1 EL* **weißer Balsamico**
- *10 g* **Senf** *(grob)*
- *2 EL* **Olivenöl**
- *5 EL* **Honig**
- **Salz**

TOOLS
Jow, Brett, Messer, Schüssel, Waage, Gummispachtel, Stabmixer

KAROTTEN-ORANGEN-DRESSING

Gleich am Anfang entsaftest du die Orangen. Du benötigst etwa 250 Milliliter Saft. Dazu kommt der Karottensaft, den du selbst herstellen oder auch fertig kaufen kannst.
Nun kochst du beide Säfte in Jow auf 150 Gramm ein. Um das herauszufinden, solltest du Jow leer wiegen, dir das Gewicht merken und während des Kochvorgangs immer wieder Jow mit dem Saft auf die Waage stellen. Sind die 150 Gramm erreicht, gibst du Balsamico, Kürbiskernöl und Salz dazu und rührst alles mit einer Gummispachtel ein. Nach dem Auskühlen ist das Dressing fertig. Als Salat empfehlen wir dir Rucola, Feldsalat und Wildkräutersalat.

DATTEL-SENF-DRESSING

Zuerst halbierst du die Datteln, entkernst sie und hackst sie in grobe Stücke. Nun füllst du das Wasser in Jow, gibst die Datteln dazu und lässt sie 2 bis 3 Minuten köcheln, bis sie sich leicht auflösen.
Nun nimmst du den Stabmixer und zerkleinerst auch die letzten Dattelstücke. Gib Balsamico, Senf und Olivenöl dazu, und schmecke das Dressing mit Salz und Honig ab.
Zu diesem Dressing passen hervorragend Rucola, Chicorée und Radicchio.

Tipps

Um Karottensaft selbst herzustellen, brauchst du unbedingt einen Entsafter. Wenn du Karottensaft frisch trinkst, gib einen Schuss Pflanzenöl dazu, damit dein Organismus das Vitamin A aufnehmen kann.
Dressings gibst du immer erst kurz vor dem Servieren über Blattsalat, da er bei längerem Bad in der Marinade matschig wird. Kartoffelsalat hingegen wird durch längeres Verweilen im Dressing wirklich gut.

Kartoffel-Estragon-Dressing vv
Bärlauch-Himbeer-Dressing vv

4–6 PERSONEN
10–15 MINUTEN

ZUTATEN

KARTOFFEL-ESTRAGON-DRESSING

100 g	**Kartoffeln**
	Olivenöl
1	**Schalotte oder kleine Zwiebel**
130 ml	**Gemüse- oder Rindersuppe** *(Seiten 37, 39)*
2 EL	**Apfelessig**
2 EL	**Sonnenblumenöl**
1 EL	**Estragonsenf**
	Estragon *(frisch gehackt)*
	Salz

BÄRLAUCH-HIMBEER-DRESSING

40 g	**Bärlauch**
10 g	**Pinienkerne**
60 ml	**Olivenöl**
2 EL	**dunkler Balsamico**
	Salz
5–8	**Himbeeren**

TOOLS
Jow, Brett, Messer, Schüssel, Waage, Gummispachtel, Gabel, Tuch oder Küchenrolle

KARTOFFEL-ESTRAGON-DRESSING
Zuerst kochst du die Kartoffeln. Wie das in Jow geht, erfährst du auf Seite 47. Dann trocknest du Jow innen und erhitzt ein wenig Sonnenblumenöl darin. Dazu kommen nun die klein geschnittenen Schalotten, die du schnell einmal mit einer Gummispachtel umrührst. Dann lässt du sie kurz anziehen. Darauf schüttest du die Suppe und lässt alles einmal aufkochen. Jetzt geht es an die Kartoffeln. Diese zerdrückst du mit einer Gabel und gibst die heiße Suppe, Senf, Essig und das Öl hinzu. Salzen und mit gehacktem Estragon abschmecken.
Zu diesem Dressing passen hervorragend Endiviensalat, Feldsalat, Kopfsalat und Mischblattsalat.

Tipp
Um den Salat aufzupeppen, kannst du dein selbst eingelegtes Rote-Zwiebeln-Pickle von Seite 57 verwenden.

BÄRLAUCH-HIMBEER-DRESSING
Zu Beginn füllst du Jow zur Hälfte mit gesalzenem Wasser und lässt dieses aufkochen. Jetzt wäschst du den Bärlauch ab und gibst ihn ins Wasser. Das Wasser noch einmal aufkochen, dann abschütten. Den Bärlauch schreckst du nun mit kaltem Wasser ab und trocknest ihn in einem Tuch oder Küchenkrepp.
Nun hackst du den Bärlauch und die Pinienkerne fein und gibst sie zusammen in eine Schüssel. Olivenöl, Balsamico und Salz untermengen. Jetzt kommen die Himbeeren dazu. Wieder vermengst du die Masse und zerstampfst sie zum Schluss noch.
Zu diesem Dressing passen hervorragend Feldsalat, Eisbergsalat und Wildkräutersalat.

Tipp
Bei diesem Dressing könnte dein selbst eingelegtes Holunder-Gurken-Pickle von Seite 57 zum Einsatz kommen.

Brunnenkressesalat mit Avocado und geräuchertem Lachs

2–4 PERSONEN
15–20 MINUTEN

ZUTATEN

DRESSING

1 **roter Chili**
10 g **Ingwer**
50 ml **Sushi-Seasoning**
3 EL **Olivenöl**
1 **Limette** *(Saft)*
Salz

SALAT

200 g **Edamame** *(ohne Hülsen)*
2 **Avocados** *(reif)*
150–200 g **Brunnenkresse**
30 g **Korianderblätter**
60 g **geräucherter Lachs** *(pro Person)*

TOOLS
Jow, Messer, Brett, Teetasse, Waage, Vierkantreibe

Zuerst kümmerst du dich um das Dressing. Dafür wäschst und entkernst du die Chilischote und hackst sie fein. Dann schälst du den Ingwer und hackst ihn fein. Misch beides in einer Schale mit Sushi-Seasoning, Olivenöl, Limettensaft und Salz.

Nun füllst du Jow zu drei Vierteln mit gesalzenem Wasser und bringst dieses zum Kochen. Gib die Edamame dazu, und lass sie für 1 Minute kochen. Das Wasser abschütten und wieder kaltes Wasser nachfüllen. Die Edamame lässt du so lange in Jow, bis sie abgekühlt sind.

Jetzt halbierst du die Avocados und entfernst Kern und Schale. Das Fruchtfleisch in etwa 2 Zentimeter breite Würfel schneiden. Brunnenkresse, Korianderblätter, Avocadowürfel und die kalten Edamame auf einen Teller geben. Zum Schluss gibst du das Dressing darüber und legst nach Geschmack Lachs dazu. Aber auch ohne Fisch schmeckt der Salat hervorragend.

Tipps

Sushi-Seasoning bekommst du im Asia-Laden. Es handelt sich um eine flüssige Würze, die meist in Flaschen erhältlich ist.

Chilischoten haben es in sich. Die weißen Kerne sind der schärfste Bestandteil. Wenn dein Dressing nicht allzu scharf sein soll, müssen die Kerne vor dem Hacken heraus. Dazu die Schote längs aufschlitzen und die Kerne mit einem kleinen Löffel oder Messer auskratzen.

Aber Achtung: Die Schärfe der Chilis haftet auch noch lange Zeit nach dem Schneiden an den Fingern. Um unangenehme Irritationen zu vermeiden, solltest du beim Arbeiten dünne Küchenhandschuhe tragen. Solltest du sie vergessen haben, verschaffen diverse Hausmittel rasch Linderung: Joghurt und Milch entschärfen sofort.

Chinakohl-Shiitake-Salat vv

1–2 PERSONEN
15–20 MINUTEN

ZUTATEN

1/2 EL	**rote Currypaste**
1 EL	**Sojasauce**
40 ml	**Reisweinessig**
40 ml	**Kokosmilch**
280 g	**Chinakohl**
80 g	**Shiitakepilze**
1	**Knoblauchzehe**
6	**Frühlingszwiebeln**
2 EL	**Sonnenblumenöl**
	Salz

TOPPING
Petersilienkresse
Petersilie
Korianderblätter

TOOLS
Jow, zwei Bretter, Messer, Schüssel, Waage, Gummispachtel, Tasse

Gleich am Anfang vermischst du Currypaste, Sojasauce, Reisweinessig und Kokosmilch in einer Teetasse. Entferne dann die äußeren welken Blätter und den Strunk des Chinakohls. Die restlichen Blätter abwaschen und in dünne Streifen schneiden.
Auch die Shiitakepilze schneidest du in dünne Streifen. Den Knoblauch fein hacken und die Frühlingszwiebeln in 3 Millimeter dünne Ringe schneiden. Nun erhitzt du das Sonnenblumenöl in Jow und gibst die Shiitakepilze dazu. Lass sie unter ständigem Rühren kurz anziehen. Nun gibst du Frühlingszwiebeln und Knoblauch dazu. Lass sie kurz anschwitzen, und lösch alles mit der Kokosmilch-Curry-Masse ab. Die Flüssigkeit so lange köcheln lassen, bis die Pilze gar sind, dann über den geschnittenen Chinakohl gießen und unterheben.
Zum Schluss schmeckst du den fertigen Salat noch mit Salz und Reisweinessig ab. Garniere ihn vor dem Servieren mit gehackten Kräutern.

Wissen
Reisweinessig wird aus fermentiertem Reis oder Reiswein hergestellt. Er schmeckt mild, da er nur 3 bis 4 Prozent Essigsäure enthält. Normaler Essig hat einen bis zu viermal höheren Säuregehalt.
Der Shiitake ist nach dem Champignon der wichtigste Speisepilz weltweit, wohl deshalb, weil er in China und Japan seit Langem verbreitet ist. Er besitzt den fünften Geschmack, „umami" – neben süß, salzig, sauer und bitter –, wodurch er auch in Europa immer beliebter wird. Ganz unumstritten ist er allerdings nicht: Denn einerseits gilt Shiitake als König der Heilpilze und soll zahlreiche Leiden lindern, andererseits verursacht er die Shiitake-Dermatitis, eine seltene allergische Hautreaktion. Früher glaubte man, dass Shiitake deshalb vor dem Verzehr gut gegart werden müsse, was inzwischen widerlegt ist.

Lauwarmer Gurkensalat vv

1-2 PERSONEN
20-30 MINUTEN

ZUTATEN

2	**Salatgurken**
1/2	**Knoblauchzehe**
1	**roter Chili**
2	**Frühlingszwiebeln**
30 g	**Ingwer** *(gerieben)*
1,5 EL	**Sesamöl**
80 ml	**Reisweinessig**
1 Prise	**Salz**

TOPPINGS
schwarzer Sesam
rotes Thaibasilikum
oder roter Shiso

TOOLS
Jow, Brett, Löffel,
Messer, Schüssel,
Gummispachtel, Waage

Zuerst schälst du die Salatgurken und halbierst sie der Länge nach. Kratze das weiche Kerngehäuse heraus, denn es würde den Salat komplett verwässern. Die Gurken in feine, etwa 5 Millimeter dünne Scheiben schneiden.
Nun schneidest du den Knoblauch in feine Scheiben und hackst die Chilischote – was dabei wichtig ist, liest du auf Seite 85.
Nun die Frühlingszwiebeln in 3 Millimeter dünne Ringe schneiden und mit dem Ingwer und dem Sesamöl in Jow unter ständigem Rühren zum Brodeln bringen.
Das Ganze mit Reisweinessig ablöschen und die Gurken dazugeben. Gare sie kurz unter ständigem Rühren, bevor du sie in eine Schüssel gibst. Mit Salz und Essig abschmecken und mit Sesam und Kräutern servieren.

Tipps und Wissen
Gurken bestehen zu etwa 97 Prozent aus Wasser und enthalten nur 12 Kilokalorien pro 100 Gramm. Deswegen sind sie als kalorienarmes Gemüse, aber auch als Gesichtsmaske für eine frische Haut beliebt.

Wenn der Salat zu wässrig schmeckt, kannst du den Gurken ganz leicht mehr Wasser entziehen. Salze die Scheiben leicht, und drück sie nach 10 Minuten Ruhepause mit den Händen aus. Das macht den Salat aromatischer.
Eher ein Hoax ist es übrigens, dass Gurkensalat bitter schmeckt, wenn man die Gurken falsch herum schält. Tatsächlich enthalten Gurkenschalen Bitterstoffe, die im Stielende konzentriert sein können. Daher heißt es, man müsse Gurken immer vom Stumpf zum Stiel schälen. Dass sich Bitterstoffe beim Schälen über die Gurke verteilen, ist aber ziemlich unwahrscheinlich.

Rotkohlsalat mit Buchweizen und Blauschimmelkäse v

1–2 PERSONEN
20–30 MINUTEN

ZUTATEN

DRESSING

- 2 EL **weißer Balsamico oder Apfelessig**
- 1 TL **Walnussöl oder Haselnussöl**
- 1 TL **Olivenöl**
- 1 EL **Senf** *(grob)*
- 1/2 EL **Honig**
- **Salz**

SALAT

- 200 g **Buchweizen**
- 1 kleiner **Rotkohl** *(200 g)*
- 100 g **Blauschimmelkäse** *(mild)*
- **Salz**

TOPPINGS

- **Walnüsse oder Mandeln** *(gehackt)*
- **Petersilienblätter oder Daikonkresse**

TOOLS

Jow, Brett, Messer, Teetasse, Waage, Sieb

Vermenge alle Zutaten für das Dressing in einer Teetasse, bis alles eine gleichmäßige Masse ergibt. Dann füllst du Jow zur Hälfte mit gesalzenem Wasser und bringst es zum Kochen.

Nun gibst du den Buchweizen dazu und lässt ihn innerhalb von 15 bis 20 Minuten mindestens dreimal aufkochen und quellen. Dann schüttest du das warme Wasser ab und gibst sofort kaltes Wasser darauf, bis der Buchweizen kalt ist.

Lass den Buchweizen dann in einem Sieb gut abtropfen. In der Zwischenzeit bereitest du den Rotkohl zu. Du entfernst den Strunk, wäschst den Kohl ab und schneidest ihn in dünne Streifen. Mariniere den Rotkohl im Dressing, und brösle den Blauschimmelkäse darüber.

Jetzt gibst du den Buchweizen dazu und vermengst alle Zutaten. Zum Abschluss mit Salz abschmecken und mit gehackten Nüssen und Petersilie oder Kresse servieren.

Wissen

Ursprünglich stammt Buchweizen aus der südrussischen Steppe. Von dort brachten ihn Nomaden nach Westeuropa mit. Inzwischen ist das Hauptanbaugebiet allerdings Brasilien.

In Russland werden aus Buchweizen die berühmten Blinis gemacht, eine Art Pfannkuchen, die man etwa zu Kaviar isst.

In Europa gewinnt Buchweizen zunehmend an Bedeutung, weil er gluten- und lektinfrei ist. Vielerorts wird er als Getreide bezeichnet. Tatsächlich zählt er aber zu den Knöterichgewächsen und ist mit dem Rhabarber und dem Sauerampfer verwandt.

SUPPEN

Topinambursuppe v

2–4 PERSONEN
20–30 MINUTEN

ZUTATEN

300 g **Topinambur**
150 g **Butter**
400 ml **Gemüsefond oder Wasser**
220 ml **Sahne**
1 Spritzer **Zitronensaft**
Salz

TOPPINGS
Walnussöl oder Trüffelöl
Knäckebrot oder
Leinsamen
Kerbel oder Petersilienblätter *(frisch gezupft)*

TOOLS
Jow, Brett, Schäler, Stabmixer, Messer, Gummispachtel, Waage

Die Topinambur schälen und in grobe Würfel schneiden. In der Zwischenzeit zerlässt du die Butter in Jow. Das gelingt am besten, indem du Jow mehrfach ein- und ausschaltest, damit die Temperatur nicht zu hoch wird. Nun gibst du die Topinambur dazu und lässt sie kurz anziehen. Dabei musst du ständig mit einer Gummispachtel rühren, damit nichts anbrennt.
Gib Wasser oder Gemüsefond – das Rezept findest du auf Seite 37 –dazu, und lass die Suppe bei geschlossenem Deckel 15 bis 20 Minuten köcheln. Am Ende sollten die Topinambur weich sein.
Nun kommen noch Sahne, Zitronensaft und Salz hinzu. Alles mit einem Stabmixer zerkleinern.
Abschließend Walnussöl, Knäckebrot und Kerbel über die Suppe geben.

Tipps und Wissen
Topinambur sieht ein bisschen aus wie Ingwer, ist aber botanisch gesehen mit der Sonnenblume verwandt. Gekocht erinnert ihre Konsistenz eher an Artischockenherzen.
Topinamburknollen kann man im Unterschied zu Kartoffeln auch roh verzehren. Man muss sie nicht einmal schälen, weil die Haut sehr dünn ist. Unter fließendem Wasser kräftig bürsten solltest du sie aber schon.

Ganz einfach geht das Schälen, wenn du die Knollen mit der Kante eines Suppenlöffels kräftig abrubbelst. Das funktioniert übrigens auch beim Ingwer.

Weißer-Spargel-Mandelmilch-Suppe mit Kerbel v

2–4 PERSONEN
20–30 MINUTEN

ZUTATEN

350 g	**weißer Spargel** *(frisch)*
400 ml	**Mandelmilch**
	Salz
	Zucker
80 g	**Butter**
200 ml	**Sahne**
3 EL	**Crème fraîche**
1–2 Spritzer	**Zitronensaft**

TOPPINGS
Kerbel oder Estragon *(gezupft)*
Mandelblätter

TOOLS
Jow, Brett, Schäler, Stabmixer, Messer, feines Sieb, Waage

Erst schälst du den Spargel. Dann schneidest du vom Kopf aus in Richtung Schnittende, um gleichmäßige, nicht zu dünne Stängel zu erhalten. Das holzige Ende wird ebenfalls entfernt.
Nun füllst du die Mandelmilch mit reichlich Salz und Zucker und 2 Esslöffeln Butter in Jow. Jetzt schaltest du Jow ein und bringst den Inhalt zum Kochen. In der Zwischenzeit schneidest du den Spargel in 2 Zentimeter breite Stücke und gibst diese in die kochende Mandelmilch. Schalte Jow immer wieder ein, bis die Spargelstücke ganz weich gegart sind. Nun gibst du die restliche Butter, Sahne und Crème fraîche dazu und mixt alles mit einem Stabmixer. Um verbliebene Spargelfäden zu entfernen, kannst du die fast fertige Suppe durch ein Sieb passieren und anschließend erneut erhitzen. Schmecke sie mit Zitronensaft und Salz ab, und serviere sie mit Mandelblättern und frischen Kräutern nach Wahl.

Tipps
Für den optimalen Geschmack nutzt du ganz frischen Spargel von einem regionalen Bauern. Dieser Spargel muss aber erst noch von Sandresten befreit werden. Dafür wäschst du ihn unter fließendem Wasser ab und lässt ihn danach abtropfen. Aber auch im Geschäft gekauften Spargel musst du gründlich reinigen.
Die Spargelsuppe kannst du auch vegan zubereiten. Dafür ersetzt du die Sahne durch Mandelmilch und lässt Butter und Crème fraîche einfach weg. Stattdessen gibst du einen Esslöffel Öl dazu, zum Beispiel Mandel-, Leinsamen- oder Sesamöl.

Roter-Paprika-Tomaten-Suppe V

3–4 PERSONEN
20–30 MINUTEN

ZUTATEN

60 g	**Zwiebeln**
150 g	**roter Paprika**
1	**roter Chili**
150 g	**Tomaten**
3 EL	**Olivenöl**
600 ml	**Gemüsefond oder Wasser**
2–3 EL	**Crème fraîche**
	weißer Balsamico
	Salz

TOPPINGS
Basilikumblätter
Olivenöl

TOOLS
Jow, Messer, Brett, Stabmixer, Waage, Gummispachtel

Zuerst bereitest du die Zutaten so vor, dass du sie später gleich verwenden kannst: Zwiebeln schälen, roten Paprika und Chilischote abwaschen, halbieren und entkernen (siehe dazu die Tipps auf Seite 85). Die Tomaten vom Strunk befreien. Abschließend schneidest du alle Zutaten in kleine Würfel.
Nun gibst du das Gemüse zusammen mit dem Olivenöl in Jow und lässt es unter ständigem Rühren mit einer Gummispachtel anziehen. Jetzt kommt Gemüsefond (Rezept auf Seite 37) oder Wasser dazu. Das Ganze lässt du 10 bis 15 Minuten weich kochen. Dann Crème fraîche dazugeben.
Zum Schluss pürierst du alles mit einem Stabmixer und schmeckst die Suppe mit Balsamico und Salz ab. Zum Servieren kannst du Olivenöl und Basilikum darübergeben.

Wissen
Wilbur Lincoln Scoville entwickelte ein Messverfahren für den Schärfegrad von Chilis. Dabei wurde eine Mischung aus Chilipulver und Alkohol angesetzt und anschließend so lange mit gesüßtem Wasser verdünnt, bis ein Tester auf der Zunge keine Schärfe mehr feststellen konnte. Scoville zu Ehren wird diese Maßeinheit bis heute in SHU (Scoville Heat Units) angegeben.

Fenchel-Kokos-Suppe VV

2–4 PERSONEN
30–40 MINUTEN

ZUTATEN

1 TL	**Fenchelsamen**
10	**Kardamomkapseln**
4	**Schalotten**
40 g	**Ingwer**
1	**Knoblauchzehe**
1	**roter Chili**
	Sonnenblumenöl
1 Stängel	**Zitronengras**
500 g	**Fenchel**
200 ml	**Wasser**
1 l	**Kokosmilch**
2 EL	**Sojasauce**
2 EL	**Limettensaft**
	Korianderblätter

TOOLS
Jow, Brett, Messer, Waage, Teesack

Zuerst füllst du Fenchelsamen und Kardamomkapseln in einen Teesack und verschließt diesen mit einem Knoten. Mit dieser Technik musst du die Gewürze später nicht aus der Suppe fischen.
Nun schälst du Schalotten, Ingwer und Knoblauch. Den roten Chili halbieren und entkernen (siehe dazu die Tipps auf Seite 85). Danach schneidest du alle vier Zutaten in kleine Stücke und lässt sie mit Sonnenblumenöl in Jow anschwitzen. Danach gibst du das zerdrückte Zitronengras dazu.
Unterdessen putzt und halbierst du den Fenchel, befreist ihn vom Strunk und schneidest ihn in dünne Streifen. Danach lässt du ihn kurz mit anschwitzen. Gib Wasser und Kokosmilch hinzu. 10 bis 15 Minuten kochen lassen, bis der Fenchel schön weich ist.
Zum Schluss entfernst du den zum Gewürzsack umfunktionierten Teesack und das Zitronengras, schmeckst die Suppe mit Sojasauce und Limettensaft ab und servierst sie mit Korianderblättern.

Tipps und Wissen
Zitronengras wird auch als Arznei verwendet. Ihm wird eine antibakterielle Wirkung nachgesagt, weshalb es gegen Magenbeschwerden und Erkältungskrankheiten zum Einsatz kommt. Die aus Zitronengras gewonnenen ätherischen Öle sollen zudem Stechmücken und Moskitos abwehren und werden häufig auch in Räucherstäbchen eingearbeitet.

Wiederverwendbare Teesäcke aus 100 Prozent Baumwolle gibt es im Handel und auch im Internet. Sie sind perfekt als Gewürzsäcke geeignet. Gewürze hinein, oben das Bändchen zugebunden und ab damit in Jow. Nach dem Kochen kannst du die Säckchen problemlos wieder auswaschen.

Rotes-Curry-Süßkartoffel-Suppe vv

4–5 PERSONEN
20–30 MINUTEN

ZUTATEN

500 g **Süßkartoffeln**
300 ml **Wasser**
600 ml **Kokosmilch**
1 TL **rote Currypaste**
Salz
2 Stängel **Zitronengras**
1 EL **Sushi-Seasoning**

TOPPINGS
Kokosflocken
Korianderblätter

TOOLS
Jow, Brett, Messer, Waage, Stabmixer, Schneebesen, Schäler

Schäle die Süßkartoffeln, und schneide sie in 2 Zentimeter große Würfel. Die Stücke mit Wasser, Kokosmilch, Currypaste, Salz und dem zerdrückten Zitronengras in Jow geben und 10 bis 15 Minuten kochen. Dabei musst du ständig umrühren, damit nichts anbrennt. Wenn die Süßkartoffelstücke weich sind, kannst du die Suppe mit einem Schneebesen grob oder mit einem Stabmixer fein pürieren.
Schmecke die Suppe mit Salz und Sushi-Seasoning ab. Anschließend serviere sie mit Kokosflocken und Korianderblättern.

Tipps und Wissen
Tatsächlich sind alle Pflanzenteile der Süßkartoffel essbar - sowohl ihre Blüten als auch ihre Blätter.
Neben ihrem Geschmack und ihren vielfältigen Verwendungsmöglichkeiten hat die Süßkartoffel einen weiteren Trumpf im Ärmel: Caiapo, ein sekundärer Pflanzenstoff, der sich in der Schale der Süßkartoffel befindet, trägt nicht nur zur Senkung des Blutzuckerspiegels bei, er beeinflusst ebenso die Cholesterinwerte nachweislich positiv.

Sushi-Seasoning gibt es im Asia-Shop in kleinen Flaschen. Es ist vor allem beim Kochen von Sushireis unentbehrlich. Du kannst dein Seasoning aber auch selbst mischen. Die Zutaten pro Portion: 150 ml Reisessig, 100 g Zucker und 60 g Salz.

Weißkohl-Pilz-Suppe mit Miso VV

2–3 PERSONEN
20–30 MINUTEN

ZUTATEN

1	**Knoblauchzehe**
70 g	**Karotten**
40 g	**Galgantwurzel**
1	**rote Chilischote**
150 g	**Weißkohl**
70 g	**Champignons**
50 g	**grüne Bohnen**
3 EL	**Sonnenblumenöl**
6	**Kaffir-Limettenblätter**
800 ml	**Gemüsefond**
4 EL	**weiße Misopaste**

TOPPINGS
Korianderblätter

TOOLS
Jow, Brett, Messer, Waage, Schäler

Zu Beginn bereitest du alle Zutaten so vor, dass du sie später gleich verwenden kannst: Knoblauch, Karotten und Galgantwurzel schälen. Die Chilischote halbieren, entkernen und fein hacken. Wie das möglichst schmerzfrei funktioniert, liest du auf Seite 85.
Den Strunk des Weißkohls mit einem Messer entfernen. Kohl und Karotten in feine Streifen schneiden. Nun viertelst du die Champignons und halbierst die Bohnen.
Jetzt ist Jow an der Reihe. Erhitze das Sonnenblumenöl darin und gib Knoblauch, Galgant, Chili und Kaffir-Limettenblätter dazu. Das alles lässt du unter ständigem Rühren mit einer Gummispachtel für mindestens 30 Sekunden anziehen. Gieß dann den Gemüsefond (Rezept auf Seite 37) auf. Als Nächstes rührst du die Misopaste ein und lässt die Suppe einmal aufkochen.
Nun kommen Bohnen, Champignons und Kohl dazu, die du 3 Minuten kochen lässt. Die Karotten hinzugeben. Danach lässt du die Suppe so lange köcheln, bis alles weich, aber noch bissfest ist. Serviere die Suppe mit frischen Korianderblättern.

Tipp
Kaffir-Limettenblätter kommen ursprünglich aus Asien. Sie dienen als Geschmacksgeber für Suppen oder Currys und können fein geschnitten mitverzehrt werden. In Thailand werden die frischen Blätter auch sehr gern im Ganzen mitgekocht und dann – ähnlich wie bei uns der Lorbeer – vor dem Essen herausgenommen.

Parmesansuppe

2–4 PERSONEN
10–15 MINUTEN

ZUTATEN

1 l **Gemüse- oder Rindersuppe** *(Seiten 37, 39)*
8 **Kirschtomaten**
250 g **Parmesan** *(gerieben)*
50 g **Risoni oder Suppennudeln**
2 EL **Olivenöl**

TOOLS
Jow, Brett, Vierkantreibe, Waage, Messer

Parmesan eignet sich nicht nur als Topping für deine Spaghetti bolognese, sondern auch als Grundlage für eine köstliche Suppe. Bereite zunächst die Gemüsesuppe in Jow zu (Rezept auf Seite 37). Dann viertelst du die Kirschtomaten mit einem Messer. In die noch heiße Suppe mischst du nun den geriebenen Parmesan ein. Dabei wirst du sehen, wie sich der Käse langsam auflöst. Danach kommen die Nudeln und Tomaten dazu. Schalte den Jow mehrmals wieder ein, bis die Nudeln gar sind. Dabei ist es wichtig, die Suppe immer wieder umzurühren und den auf dem Boden abgesetzten Parmesan ständig in die Suppe einzumengen.
Dann hast du es auch schon geschafft. Sind die Nudeln gar, gibst du die Suppe in eine Schüssel und schmeckst sie mit Olivenöl ab.

Tipp

Auch Menschen mit Laktoseintoleranz müssen nicht auf Parmesan verzichten. Da er sehr lange reift, enthält er auf 100 Gramm nur 0,06 Gramm Laktose, gilt also als laktosefrei.

Rote-Bete-Meerrettich-Suppe VV

2–4 PERSONEN
10–15 MINUTEN

ZUTATEN

50 g **Perlgraupen**
300 g **Rote Bete**
100 ml **Rote-Bete-Saft**
800 ml **Gemüse- oder Rindersuppe** *(Seiten 37, 39)*
3 EL **kleine Kapern** *(mit Saft)*
20 g **Meerrettich** *(frisch, gerieben)*
Olivenöl
Rettichkresse oder Petersilienblätter

TOOLS
Jow, Brett, Messer, Waage

Zunächst bereitest du die Perlgraupen zu. Wie das funktioniert, erfährst du auf Seite 43. Danach schälst du die Rote Bete und schneidest sie in 1 Zentimeter große Würfel. Nun lässt du sie in Jow zusammen mit der Gemüsesuppe und dem Rote-Bete-Saft aufkochen. Schalte Jow immer wieder ein, bis die Stücke gegart sind. Das dauert ungefähr 3 bis 5 Minuten. Dann kommen die Perlgraupen, frischer Meerrettich und Kapern dazu, bevor du die Suppe noch einmal erhitzt. Zum Schluss verfeinerst du sie mit ein paar Tropfen Olivenöl und Rettichkresse.

Tipps und Wissen
Rote Bete ist ein klassisches Herbst- und Wintergemüse, und man kann sie lange lagern. Wichtig ist nur, dass sie an einem dunklen, kühlen und trockenen Ort aufbewahrt wird.

Für das leuchtende Rot ist der Farbstoff Betanin verantwortlich, der in vielen Lebensmitteln, etwa in Waldbeerjoghurt oder Erdbeereis, unter der Bezeichnung E162 zu finden ist. Er färbt so stark, dass deine Hände bei der Arbeit mit Küchenhandschuhen geschützt werden sollten. Außerdem sollte Rote Bete eher auf einem Kunststoff-, denn auf einem Holzbrett geschnitten werden. Solltest du das Holzbrett dennoch vorziehen, kannst du es anschließend mit Salz, Zitronensaft und etwas Ausdauer reinigen.

Klare Tomatensuppe VV

2–4 PERSONEN
10–15 MINUTEN

ZUTATEN

100 g **getrocknete Tomaten in Öl**
1 l **Gemüse- oder Rindersuppe** *(Seiten 37, 39)*
Suppennudeln

TOPPINGS
griechisches Basilikum
Oregano *(frisch)*

TOOLS
Jow, Messer, Brett, Waage

Zuerst nimmst du die eingelegten Tomaten aus dem Glas und gibst sie auf Küchenkrepp oder ein Tuch. So kann das überschüssige Öl abtropfen. Dann schneidest du sie in grobe Stücke.
Jetzt kochst du die Suppe (Rezepte auf den Seiten 37 und 39) mit den Tomaten und Suppennudeln in Jow so lange auf, bis die Nudeln gar sind. Das geht sehr rasch, dauert meist nur etwas mehr als eine Minute.
Serviere sie mit griechischem Basilikum oder Oregano.

Tipps und Wissen
Suppennudeln nehmen auch nach dem Kochvorgang noch Flüssigkeit auf und werden somit weicher und voluminöser. Daher solltest du eher sparsam mit der Menge der Nudeleinlage umgehen und die Suppe flott verzehren.

Da die Tomate weder alle Eigenschaften eines Gemüses, noch jene einer Frucht erfüllt, wird sie als sogenanntes „Fruchtgemüse“ bezeichnet. Botanisch betrachtet erfüllt die Tomate sogar Eigenschaften einer Beere - da sie jedoch eine einjährige Pflanze ist, wird sie allgemein eher dem Gemüse zugeordnet.

SNACKS

Edamame VV

2–3 PERSONEN
10–15 MINUTEN

ZUTATEN

1 TL **Korianderblätter** *(gehackt)*
1/2 EL **Olivenöl**
Chiliflocken
1 EL **schwarzer Sesam**
Meersalz
250 g **Edamame** *(mit Hülsen)*

TOOLS
Jow, Schüssel

Am Anfang vermengst du gehackte Korianderblätter, Olivenöl, Chiliflocken, schwarzen Sesam und grobes Meersalz mit einem Löffel. Dann füllst du Jow zu drei Vierteln mit Wasser und salzt dieses gut. Jow einschalten. Sobald das Wasser zu kochen beginnt, gibst du die Edamame – in ihren Hülsen – hinein und lässt sie 5 Minuten kochen. Danach sollten die Sojakerne innen gar, aber nicht zu weich sein.
Nun gießt du das heiße Wasser ab und gibst kaltes Wasser über die Edamame, bis sie kalt sind. Tupf sie gut trocken, und vermenge sie mit der Gewürzmischung. Achtung: Nur die Kerne, nicht die Hülsen der Edamame sind essbar.

Wissen
Die japanische Bezeichnung Edamame bedeutet etwa „Bohnen am Zweig". Damit werden sowohl die Sojabohnen selbst als auch das zubereitete Gericht bezeichnet.

Kichererbsen mit Cayennepfeffer VV

1–2 PERSONEN
2 STUNDEN

ZUTATEN

200 g **Kichererbsen** *(getrocknet)*
Wasser
1/4 TL **Cayennepfeffer**
Paprikapulver *(süß)*
Salz
Kräuter, etwa Rosmarin oder Thymian *(getrocknet)*

TOOLS
Jow, Schüssel, Sieb

Die Kichererbsen mit 600 Milliliter Wasser rund 10 Stunden bei Zimmertemperatur quellen lassen. Danach schüttest du das Wasser weg und spülst die Kichererbsen unter kaltem Wasser ab.
Nun gibst du sie mit Salz und 800 Milliliter Wasser in Jow und lässt sie 1 bis 2 Stunden bei offenem Deckel kochen. Dabei musst du immer darauf achten, dass genügend Wasser in Jow ist und die Kichererbsen nicht anbrennen.
Nun das Wasser abschütten und die Kichererbsen abkühlen lassen. Auf einem Küchentuch ausbreiten und trocken tupfen. Falls sich Hautreste gelöst haben, musst du sie entfernen. Dann vermischst du die Kichererbsen mit den Gewürzen und nach Geschmack mit Kräutern.

Wissen
Als gleichsam beliebt wie auch vielfältig erweist sich die Kichererbse. Sie kann fertig gekocht in Dosen oder auch als getrocknete Samen gekauft werden. Kalt eingeweicht können letztere unter anderem als Eintopf, Brühe oder auch Püree zubereitet werden. Eine orientalische Speise, die sich auch in der europäischen Küche großer Beliebtheit erfreut, ist Hummus. Es handelt sich hierbei um eine aus Kichererbsen und Sesam bestehende Paste, die vielfältige Geschmacks- und Kochexperimente zulässt.

Quinoa-Porridge V

1–2 PERSONEN
8–10 MINUTEN

ZUTATEN

100 g **Quinoa**
Wasser
Salz
200 ml **Milch oder Mandelmilch**
36 g **Honig**
Früchte *(nach Belieben)*
2 EL **Sonnenblumenkerne**

TOOLS
Jow, Schüssel,
Gummispachtel, Waage

Gib die Quinoa in ein Sieb, und spül sie so lang ab, bis das Waschwasser klar bleibt.
Dann füllst du Jow zur Hälfte mit gesalzenem Wasser und bringst es zum Kochen. Nun kommt die Quinoa dazu und wird 5 bis 6 Minuten vorgekocht. Danach nimmst du sie heraus und spülst Jow mit kaltem Wasser aus. Milch und Honig in Jow geben und unter ständigem Rühren aufkochen. Achte besonders darauf, dass sich auf dem Boden nichts absetzt und anbrennt. Gib die vorgekochte Quinoa hinzu. Dann lässt du alles innerhalb von 15 Minuten dreimal unter ständigem Rühren aufkochen, bis die Körner weich sind. Die Masse im Anschluss kalt werden lassen.
In der Zwischenzeit schneidest du die Früchte nach Geschmack klein. Verteile die Quinoa auf Schüsseln, und gib die Früchte dazu. Darüber kannst du noch Sonnenblumenkerne und ein paar Tropfen Honig geben.

Wissen
Quinoa, auch Inkareis genannt, ist eine traditionelle Getreidesorte aus Südamerika, die als Alternative zu den klassischen Getreiden auch in Europa zunehmend Anklang findet.

Chiasamen-Mandelmilch-Pudding v

1–2 PERSONEN
8–10 MINUTEN

ZUTATEN

300 ml	**Mandelmilch**
2 EL	**Honig**
240 g	**Banane**
1	**Vanilleschote**
55 g	**Chiasamen**

TOPPINGS
Himbeeren, Heidelbeeren
Apfel, Birne
Mandeln, Haselnüsse
Schokoladenstückchen

TOOLS
Jow, Schüssel, Gummispachtel, Stabmixer, Waage

Die Zubereitung des Puddings ist ganz einfach. Zuerst gibst du Mandelmilch, Honig, die geschälte Banane und das Mark der Vanilleschote in Jow. Das Ganze pürierst du mit einem Stabmixer. Rühr die Chiasamen mit einer Gummispachtel ein. Danach lässt du die Masse 4 bis 5 Minuten unter ständigem Rühren köcheln.
Wenn du möchtest, gib noch etwas Mandelmilch oder Honig hinzu. Danach gibst du den Pudding zum Abkühlen in eine Schüssel. Natürlich kannst du den Pudding auch gleich portionsweise in Servierschüsseln oder Gläser füllen. Danach mindestens 2 Stunden kalt stellen.
Beim Topping sind deiner Fantasie keine Grenzen gesetzt: Alle Arten von Früchten, Nüssen oder Schokoladenstückchen passen perfekt zum Pudding.

Wissen
Chiasamen gelten als das Superfood schlechthin. Sie liefern viele Omega-3-Fettsäuren, die sich positiv auf die Gesundheit auswirken: Sie können beispielsweise einen positiven Einfluss auf die Blutfettwerte haben oder erhöhten Blutdruck senken.

Porridge v

1–2 PERSONEN
5–10 MINUTEN

ZUTATEN

350 g **Milch oder Mandelmilch**
2 EL **Honig**
Kardamom oder Zimt
Salz
50 g **Haferflocken**
60 g **Apfelwürfel** *(5 mm)*

TOOLS
Jow, Waage, Schäler, Messer, Gummispachtel

Spüle Jow mit kaltem Wasser aus, und gib Milch, Honig und Kardamom hinein. (Durch das vorherige Ausspülen brennt die Milch nicht so leicht an.) Unter ständigem Rühren mit einer Gummispachtel und mehrmaligem Ein- und Ausschalten von Jow bringst du das Gemisch ganz langsam zum Kochen. Gib Salz und Haferflocken dazu, und lass alles noch einmal kurz aufkochen. Die Apfelwürfel hinzugeben und ein paar Minuten quellen lassen. Falls die Flüssigkeit zu kalt wird, musst du sie noch einmal vorsichtig zum Kochen bringen.
Dann ist der Porridge auch schon fertig und kann serviert werden.

Wissen
Hafer besitzt wenig Gluten und ist gleichzeitig deutlich nährstoffreicher als alle anderen Getreidearten. Aus Hafer kann man Whiskey herstellen und Haferbier brauen.

Hausgemachtes Müsli v

2–3 PERSONEN
20–30 MINUTEN

ZUTATEN

100 g	**Haferflocken**
20 g	**Mandelsplitter**
50 g	**Haselnüsse** *(gehackt)*
30 g	**Sonnenblumenkerne**
30 g	**Leinsamen**
30 g	**Rosinen**
45 g	**Cranberrys** *(getrocknet)*
	Milch oder Joghurt
	Honig

TOPPINGS
Schokoladenstücke
frische Früchte

TOOLS
Jow, mehrere Schüsseln, Gummispachtel, Waage

Zuerst röstest du die Haferflocken, Mandelsplitter, Haselnüsse, Sonnenblumenkerne und Leinsamen an. Dazu einfach alle Zutaten in Jow einfüllen und auf der Heizplatte deren Röstaromen herauskitzeln. Durch häufiges Umrühren mit einer Gummispachtel kannst du das Anbrennen verhindern. Danach gibst du alles in eine Schüssel und vermengst es. Jetzt kommen noch Rosinen, Cranberrys und natürlich Milch oder Joghurt dazu. Zusätzlich kannst du für den Geschmack noch ein wenig Honig hinzufügen.
Als Topping eignen sich Schokoladenstückchen und frische Früchte, die du vorher schälst und zerkleinerst.

Tipps und Wissen
Die moderne, Haferflocken enthaltende Version, die wir heute mit dem Begriff „Müsli" in Verbindung bringen, nimmt ihren Ursprung bei dem Schweizer Arzt Bircher-Brenner. Dieser hatte angeblich im Zuge einer Wanderung das erste Mal etwas Müsli-Ähnliches probiert und daraus die Idee einer „Apfeldiätspeise" gewonnen. Über die Jahre wurde seine „Erfindung" glücklicherweise unter einem anderen Namen bekannt: Müsli.

Müsli kann auch glutenfrei zubereitet werden. Dazu die Haferflocken durch Hirse-, Buchweizen- oder Quinoaflocken ersetzen.
Für die vegane Variante gibst du statt Milch oder Joghurt Mandel- oder Hafermilch hinzu. Und verzichtest natürlich auf die Schokoladenstücke beim Topping.

HAUPTSPEISEN

Orecchiette mit getrockneten Tomaten v

2–3 PERSONEN
20–30 MINUTEN

ZUTATEN

300 g **Orecchiette**
120 g **getrocknete Tomaten in Öl**
20 g **Pinienkerne**
1 EL **dunkler Balsamico**
4 EL **Olivenöl**
Salz

TOPPINGS
Rucola oder Basilikum
Parmesan *(gehobelt)*
Pinienkerne

TOOLS
Jow, Messer, Brett, Waage, Teetasse oder Schüssel

Zuerst füllst du Jow zur Hälfte mit gesalzenem Wasser und bringst es zum Kochen. In der Zwischenzeit lässt du die eingelegten Tomaten in einem Sieb abtropfen. Währenddessen Tomaten und die Pinienkerne klein hacken. Vermische beides in einer Tasse mit Balsamico, und schmeck es mit Olivenöl und Salz ab.
Dann gibst du die Orecchiette ins kochende Wasser und garst sie bissfest, dabei mehrmals umrühren. Nun gießt du das Wasser ab und gibst die Nudeln in eine Schüssel. Die marinierten Tomaten dazugeben und verrühren, bis die Tomaten warm sind.
Vor dem Servieren kannst du noch Rucola oder Basilikum, gehobelten Parmesan und Pinienkerne darübergeben.

Tipps und Wissen
Die Hartweizenpasta Orecchiette aus Apulien verdankt ihren Namen ihrer einzigartigen Form. Die „Öhrchen" werden heute noch in den Gassen von Bari in Handarbeit hergestellt und eignen sich für unzählige Pastagerichte.

Pastaspezialisten heben immer ein klein wenig vom Pastakochwasser auf. Damit kannst du nicht nur Sugos verdünnen, sondern auch eine bessere Verbindung der Zutaten, ob Sauce oder – wie in diesem Rezept – marinierte getrocknete Tomaten, mit den Teigwaren erzielen.

Perlgraupenrisotto mit Speck und Frühlingszwiebeln

1–2 PERSONEN
40–45 MINUTEN

ZUTATEN

2	**Frühlingszwiebeln**
200 g	**Räucherspeck**
150 g	**Perlgraupen**
800–1000 ml	**Gemüse- oder Hühnerfond** *(Seiten 37, 39)*
1 EL	**Olivenöl**
40 g	**Frischkäse**
40 g	**Parmesan**
40 g	**Butter** *(kalt)*

TOPPINGS
Gartenkresse oder Schnittlauch
Parmesan *(gehobelt)*

TOOLS
Jow, Messer, Brett, Messbecher, Gummispachtel, Sieb, Vierkantreibe, Waage

Die Frühlingszwiebeln putzen, abwaschen und in 5 Millimeter dünne Ringe schneiden. Dann schneidest du den Speck in feine Streifen. Nun gibst du einen Teil (circa 300 ml) des Fonds (Rezepte auf den Seite 37 und 39) mit der Hälfte des Specks in Jow und lässt die Mischung 5 Minuten köcheln. Dabei Jow immer wieder einschalten. Für diese erste Speckportion kannst du auch harte Randstücke verwenden.

Füll die Mischung in einen Messbecher um, und nimm die Speckreste nach 10 Minuten heraus. Nun reinigst und trocknest du Jow. Das Olivenöl darin erhitzen. Den restlichen Speck und die Frühlingszwiebeln darin andünsten. Die Perlgraupen und 500 Milliliter Fond hinzugeben. Lass die Perlgraupen unter ständigem Rühren einkochen. Nach Geschmack kannst du auch etwas mehr Fond dazugeben, bis die perfekte Konsistenz der Perlgraupen erreicht ist. Sie sollten gar, aber nicht zu weich sein.

Zum Schluss rührst du Frischkäse, geriebenen Parmesan, Butter und noch ein bisschen Fond ein, bis die Masse schön cremig ist. Serviere das Risotto mit gehobeltem Parmesan und Gartenkresse.

Wissen

Perlgraupen werden durch Schälen und Schleifen von Gerstenkörnern hergestellt. So entsteht die etwas kugelige Graupenform. Je nach Größe unterscheidet man große, mittlere und kleine Graupen.

Risotto mit Blumenkohl und Gorgonzola v

1–2 PERSONEN
35–45 MINUTEN

ZUTATEN

100 g **Blumenkohlröschen**
1 kleine **Zwiebel** *(60 g)*
1 **Knoblauchzehe**
100 ml **Weißwein** *(trocken)*
800 ml **Gemüse- oder Hühnerfond** *(Seiten 37, 39)*
150 g **Rundkornreis**
40 g **Butter** *(kalt)*
1 **Zitronenschale** *(abgerieben)*

TOPPINGS
Petersilienkresse oder Petersilie *(gehackt)*
Gorgonzola

TOOLS
Jow, Brett, Messer, Gummispachtel, Waage

Als Erstes füllst du Jow zu drei Vierteln mit gesalzenem Wasser und bringst dieses zum Kochen. In der Zwischenzeit spülst du die Blumenkohlröschen gründlich mit kaltem Wasser ab. Kocht das Wasser in Jow, gibst du den Blumenkohl hinein und garst ihn in 10 bis 12 Minuten bissfest.
Nun gießt du das heiße Wasser ab und kühlst die Röschen mit kaltem Wasser herunter. Beiseite stellen und Knoblauch und Zwiebeln schälen. Jetzt hackst du beide Zutaten in kleine Stücke.
Im nächsten Schritt erhitzt du das Öl in Jow, gibst Knoblauch und Zwiebel hinein und dünstest sie glasig an. Dabei musst du ständig mit einer Gummispachtel rühren, damit nichts anbrennt. Du kannst Jow immer wieder aus- und einschalten, um die Temperatur besser zu kontrollieren.
Jetzt gibst du den Reis dazu und gießt ihn mit dem Weißwein auf. Den lässt du ein bisschen verdampfen, bevor du einen Schöpfer mit Gemüsesuppe dazugibst. Dabei solltest du das Rühren nicht vergessen, denn auch Reis brennt gern an. Hat der Reis die Flüssigkeit aufgenommen, gibst du einen weiteren Schöpfer Suppe hinzu. Das wiederholst du so lange, bis die Suppe aufgebraucht ist. Das kann 20 bis 30 Minuten dauern, also nicht ungeduldig werden. Zum Schluss kommen noch die kalte Butter, der Zitronenabrieb und die Blumenkohlröschen in Jow. Alles gründlich untermengen. Servieren kannst du das Risotto mit Petersilie und grob gehacktem Gorgonzola.

Tipp
Der Trieb im Inneren der Knoblauchzehe, der Keim oder Herz genannt wird, kann sehr bitter schmecken und den Geschmack des ganzen Essens zerstören. Deshalb sollte er immer entfernt werden.

Kartoffeln in Salzkruste mit Schnittlauch-Dip v

1–2 PERSONEN
20–30 MINUTEN

ZUTATEN

KARTOFFELN
600 g **Kartoffeln**
700 ml **Wasser**
60–70 g **Meersalz**

DIP
3 EL **Schnittlauch**
125 g **Crème fraîche**
100 g **Joghurt**
Zitronensaft *(zum Abschmecken)*

TOOLS
Jow, Messer, Brett, Schüssel, Waage

KARTOFFELN IN SALZKRUSTE
Die Kartoffeln abwaschen. Dann garst du sie mit dem Wasser und grobem Meersalz bei halb geöffnetem Deckel in Jow. Durch abwechselndes Ein- und Ausschalten kannst du die Temperatur besser regeln, und die Salzkruste kann sich besser bilden. Stich die Kartoffeln mit einem Messer oder einer Gabel an, um zu schauen, ob sie weich sind.
Das Wasser abschütten und die Kartoffeln mit dem selbst gemachten Dip servieren.

SCHNITTLAUCH-DIP
Den Schnittlauch in hauchdünne Ringe schneiden. Dann mit Crème fraîche, Joghurt und Zitronensaft in einer Schüssel vermengen. Wichtig ist, dass du wenig bis gar kein Salz verwendest, da ja bereits genug Salz an den Kartoffeln haftet.

Wenn dir Kartoffeln mit Dip zu langweilig sind, kannst du auch einen Blattsalat dazu reichen.

Tipp
Schnittlauchblüten sind nicht nur hübsch, sondern auch essbar und eignen sich hervorragend zum Dekorieren.

Szegediner Gulasch

1–2 PERSONEN
2 STUNDEN

ZUTATEN

300 g	**Rindergulaschfleisch**
3 EL	**Sonnenblumenöl**
200 g	**Zwiebeln** *(feinwürfelig geschnitten)*
1	**Knoblauchzehe**
1/2 TL	**Kümmel** *(gemahlen)*
1 EL	**Paprikapulver** *(edelsüß)*
	Salz
	Pfeffer
40 g	**Tomatenmark**
100 ml	**Rotwein**
600 ml	**Gemüse- oder Rindersuppe** *(Seiten 37, 39)*
200 g	**Kartoffeln** *(mehlig kochend)*
400 g	**Sauerkraut**
1 Prise	**Zucker**

TOPPING

Sauerrahm

TOOLS
Jow, Messer,
Brett, Vierkantreibe,
Waage, Schäler

Um die kulinarische Reise nach Ungarn perfekt zu beginnen, solltest du möglichst kleinwürfelig geschnittenes Rindergulaschfleisch verwenden. Sind dir die Stücke zu groß, kannst du sie halbieren oder sogar vierteln. Je kleiner die Fleischstücke, desto kürzer die Garzeit, und desto eher kannst du dein Gulasch genießen.

Zuerst gibst du das Öl in Jow und erhitzt es durch mehrmaliges Einschalten. Das Fleisch portionsweise dazugeben und von allen Seiten anbraten. Wichtig ist, nicht zu viel auf einmal in Jow anzubraten, denn er hat ja nur eine begrenzte Fläche. Außerdem tritt Saft aus dem Fleisch aus. Ist zu viel Flüssigkeit in Jow, wird das Fleisch zäh und nicht zart.

Ist eine Fleischportion fertig, nimmst du sie heraus und gibst sie in einen tiefen Teller. Wenn alle Portionen angebraten sind, dünstest du die Knoblauch- und Zwiebelwürfel im entstandenen Bratensaft an. Achte darauf, dass nichts anbrennt. Danach das Fleisch wieder hinzugeben, mit Kümmel, Paprikapulver, Pfeffer und Salz würzen. Nun rührst du auch das Tomatenmark unter und schaltest Jow für wenige Sekunden ein. Dann löschst du das Gemisch mit Rotwein ab und füllst Jow mit Suppe auf. Das Ganze lässt du nun für 40 Minuten kochen. Schaltet sich Jow aus, rührst du schnell um und schaltest ihn danach wieder ein.

Jetzt ist es Zeit, die Kartoffeln zu schälen und zu reiben. Bist du damit fertig, gibst du sie einfach in Jow. Sie zerfallen und binden so das Gulasch. Zucker, Pfeffer und Salz nach Geschmack zugeben, dann das Sauerkraut hinzufügen. Nach weiteren 10 bis 15 Minuten ist das perfekte Szegediner Gulasch fertig. Zum Servieren reichst du Sauerrahm als Topping. Dieser wird im Becher glatt gerührt und nach Wunsch direkt über das oder zum Gulasch gegeben.

Wissen

Das Wort „Gulyás“ bedeutet im Ungarischen „Rinderhirte“, benennt aber auch Suppengerichte mit verschiedenen Einlagen. Das im Deutschen bekannte Gulasch hat damit wenig zu tun und heißt in Ungarn Pörkölt oder Paprikás.

Bunter Karotten-Hühner-Topf

1–2 PERSONEN
40–50 MINUTEN

ZUTATEN

HÜHNERTOPF

- 150 g **Hühnerbruststreifen**
- 1 kleine **Zwiebel**
- 150 g **Babykarotten**
- 500 ml **Hühnersuppe** *(Seite 39)*
- 1/2 **Limette** *(Saft)*

HÜHNERMARINADE

- 1 Prise **Kümmel** *(gemahlen)*
- 1 Prise **Koriander** *(gemahlen)*
- 1 Prise **Chiliflocken**
- 5 EL **Sonnenblumenöl**
- 1/2 **Knoblauchzehe**
- 8 g **Ingwer**
- **Salz**

TOPPINGS

- etwa 10 **Korianderblätter oder Petersilie**

TOOLS

Jow, Schüssel, Messer, Brett, Schäler, Waage, Gummispachtel

Zuerst bereitest du die Hühnersuppe wie auf Seite 39 beschrieben vor. Danach vermischst du für die Marinade Kümmel, Koriander und Chiliflocken mit 2 Esslöffeln Öl in einer großen Schüssel. Jetzt schälst du den Knoblauch und den Ingwer und hackst sie ganz fein. Beides mit Salz zu den Gewürzen geben und untermengen.

Nun legst du die Hühnerbruststreifen 10 bis 15 Minuten in die Marinade. In der Zeit gibst du die restlichen 3 Esslöffel Öl in Jow und erhitzt es ein wenig. Jetzt schneidest du die Zwiebel in feine Streifen. Ins heiße Öl geben und unter ständigem Rühren mit einer Gummispachtel glasig dünsten. Dazu gibst du nun die Hühnersuppe und lässt alles kurz aufkochen.

Schneide die Babykarotten in etwa 3 Millimeter dünne Scheiben. Alle Zutaten außer dem Fleisch in Jow geben und 1 Minute köcheln lassen. Dann kommt sofort die Hühnerbrust dazu. 5 bis 8 Minuten ziehen lassen. Zum Schluss schmeckst du den Hühnertopf noch mit Limettensaft und Salz ab und streust gehackten Koriander darüber.

Schmeckt wunderbar frisch und exotisch.

Tipps und Wissen

Die Karotte ist eine der ältesten Gemüsearten überhaupt. Neben Form und Gewicht variiert auch die Farbe. Es gibt gelbe, orange, weiße, rote und lila Karotten. Im EU-Raum werden Karotten nach Tomaten am häufigsten produziert.

Wie man Ingwer mit einem Löffel schält, kannst du auf Seite 95 nachlesen. Aber auch gegen das feine Hacken wehrt sich die Wurzel gern. Am leichtesten funktioniert es, wenn du den geschälten Ingwer mit einem großen scharfen Messer zuerst der Länge nach in dünne Scheiben schneidest. Diese Scheiben dann in schmale Streifen schneiden und zuletzt quer fein hacken.

Gemüsecouscous VV

2–3 PERSONEN
30–40 MINUTEN

ZUTATEN

100 g	**Tomaten**
90 g	**Zucchini**
2	**Frühlingszwiebeln**
220 ml	**Gemüsefond**
1 Prise	**Zimt**
1/4 TL	**Cayennepfeffer**
	Salz
80 g	**Kichererbsen** *(gekocht)*
300 g	**Couscous**
5–6	**Minzeblätter**

TOOLS
Jow, Messer, Brett, Gabel, Waage

Am wichtigsten ist, dass du die Kichererbsen wie auf Seite 117 beschrieben schon einen Tag vorher kochst und zur Seite stellst. So haben sie dann einen viel intensiveren Geschmack. Du kannst aber der Einfachheit halber bereits vorgekochte Kichererbsen aus dem Glas oder aus der Dose verwenden.

Füll Jow bis zum Rand mit Wasser, und lass es einmal aufkochen. In der Zwischenzeit entfernst du den Stielansatz der Tomaten. Ritze ein kleines Kreuz in die Unterseite der Tomaten, um später die Haut besser abziehen zu können.

Sobald sich Jow abgeschaltet hat, gibst du die Tomaten hinein und lässt sie kurz im Wasser schwimmen, bis sich die Haut abzulösen beginnt. Jetzt gießt du das heiße Wasser ab und füllst kaltes Leitungswasser in Jow. Sind die Tomaten abgeschreckt, lässt sich die Haut ganz leicht abziehen. Danach schneidest du das Tomatenfleisch in grobe Würfel.

Die Zucchini der Länge nach vierteln und in etwa 3 Millimeter dünne Scheiben schneiden. Die Frühlingszwiebeln in ebenso dünne Ringe schneiden.

In Jow vermischst du nun den Gemüsefond, die Tomaten und die Gewürze und bringst sie zum Kochen. 5 Minuten bei offenem Deckel köcheln lassen und dann mit Salz abschmecken. Zucchini, Kichererbsen und Frühlingszwiebeln dazugeben und weitere 2 bis 3 Minuten kochen.

Nun gibst du den Couscous dazu und lässt alles für 4 bis 6 Minuten ziehen. Dann sollte der Couscous weich und fast fertig sein. Die Masse auf einen Teller geben und ein wenig lockern, nach Geschmack mit zerkleinerter Minze bestreuen und servieren.

MAX
1200ml
1000ml
750ml
MIN

Chinakohlrouladen

1–2 PERSONEN
20–30 MINUTEN

ZUTATEN

8 **Chinakohl-/Wirsingblätter**

GEMÜSEFÜLLUNG

140 g **Stangensellerie**
60 g **Karotten**
60 g **Babymaiskolben**
100 g **Frühlingszwiebeln**
1 **Knoblauchzehe**
80 g **Cashewkerne/Erdnüsse**
20 g **Ingwer**
1 TL **Sesamöl**
2 EL **Sojasauce**

HÜHNER-GARNELEN-FÜLLUNG

120 g **Hühnerbrust**
80 g **Garnelen**
1 **Knoblauchzehe**
40 g **Maisstärke**
1 EL **Sojasauce**
1 **Ei**
10 g **Korianderblätter**
je 10 g **Ingwer und Chiliflocken**
1 **Limettenschale** *(abgerieben)*

TOOLS

Jow, Reibe, Messer, Brett, Schäler, Dampfeinsatz, Zahnstocher, Frischefolie

Die Kohlrouladen kannst du mit zwei verschiedenen Füllungen zubereiten. Für beide gilt, dass du zuerst Jow zur Hälfte mit gesalzenem Wasser füllst und dieses zum Kochen bringst. In der Zwischenzeit kannst du die Kohlblätter vollständig vom Strunk befreien. Dann gibst du die Blätter in das kochende Wasser, damit sie sich später besser einrollen lassen. Blätter kurz blanchieren, dann das Wasser abgießen und die Blätter mit kaltem Wasser abschrecken. Danach tupfst du sie gut trocken und legst sie beiseite.

GEMÜSEFÜLLUNG

Den Stangensellerie und die geschälten Karotten in feine Streifen schneiden. Dann den Babymais und die Frühlingszwiebeln in circa 3 Millimeter dünne Ringe beziehungsweise Stücke schneiden. Nun hackst du den Knoblauch und die Cashewkerne oder Erdnüsse und reibst den Ingwer ohne Schale fein. Als Nächstes erhitzt du das Sesamöl in Jow und lässt nacheinander alle Gemüsesorten darin anziehen. Zum Schluss mischst du alles zusammen und schmeckst die Gemüsefüllung mit Sojasauce, den Nüssen und dem Ingwer ab. Die Masse sollte am Ende nicht zu flüssig sein. Falls zu viel Flüssigkeit in der Mischung ist, gibst du sie einfach weg.

HÜHNER-GARNELEN-FÜLLUNG

Du hackst die Hühnerbrust, die geschälten Garnelen und den Knoblauch klein und gibst alles in eine Schüssel. In einem anderen Gefäß löst du die Maisstärke in Sojasauce auf und gibst alle anderen Zutaten dazu. Das Ei verquirlen und ebenfalls dazugeben.

Breite die Kohlblätter auf deiner Arbeitsfläche aus, und verteile die Füllungen gleichmäßig auf eine Seite der Blätter, damit du sie später gut einrollen kannst. Die fertigen Rollen stabilisierst du mit Zahnstochern. Wickle die Rouladen in Frischhaltefolie ein. Leg sie auf den Dampfeinsatz, füll Jow zur Hälfte mit Wasser, und platziere den Dampfeinsatz vorsichtig auf der Öffnung. Falls noch irgendwo Wasserdampf entweichen kann, dichte die Stelle mit Frischhaltefolie ab, bevor du Jow einschaltest. Nun die Kohlrouladen 15 bis 20 Minuten dämpfen.
Kohlrouladen mit Miso-Dip (Rezept auf Seite 73) servieren und genießen.

Miesmuscheln in Weißweinsud

1–2 PERSONEN
30–40 MINUTEN

ZUTATEN

800 g	**Miesmuscheln** *(frisch)*
2	**Knoblauchzehen**
4	**Schalotten**
2	**Frühlingszwiebeln**
100 g	**Karotten**
100 g	**Knollensellerie**
1	**roter Chili**
3 El	**Olivenöl**
	Salz
125 ml	**Weißwein** *(trocken)*
1/2 Bund	**Petersilie oder Koriander**

BEILAGE
Baguette
Zitronenspalten

TOOLS
Jow, Schäler, Brett, Gummispachtel, Nagelbürste, Waage

Spül die Miesmuscheln mit kaltem Wasser ab, um den letzten Sand zu entfernen. Geöffnete oder beschädigte Muscheln sofort aussortieren.
Anschließend entfernst du die harten Fäden an der Muschelseite, den sogenannten Bart. Das funktioniert am besten, indem du ihn mit ein wenig Kraft und durch Hin- und Herbewegen langsam herausziehst. Danach solltest du die Muscheln noch einmal mit einer Bürste unter fließendem Wasser abbürsten, um Kalkablagerungen und hartnäckige Sandreste zu entfernen.
Nun zerdrückst du die Knoblauchzehen samt Schale. Am besten geht das mit der Messerklinge oder deinem Handballen. Die Schalotten und Frühlingszwiebeln schälst du, halbierst sie längs und schneidest sie in dünne Streifen. Karotten und Sellerie ebenfalls schälen und in Streifen schneiden. Die Chilischoten entkernen und fein hacken (Tipps dazu siehe Seite 85).
Jetzt erhitzt du das Olivenöl in Jow und lässt den Knoblauch, die Frühlingszwiebeln, die Karotten, den Sellerie und den Chili unter ständigem Rühren mit einer Gummispachtel 1 bis 2 Minuten anziehen. Dafür musst du Jow mehrfach einschalten. Gib das Salz hinzu, und gieß den Weißwein in Jow. Nun gibst du auch die Miesmuscheln dazu. Lass sie 5 bis 10 Minuten unter ständigem Rühren garen.
Muscheln, die nach dem Garen noch geschlossen sind, musst du ebenfalls entfernen, sie sind nicht genießbar. Petersilie und Koriander dazugeben und untermischen. Die Muscheln im Weißweinsud servieren. Dazu passen als Beilage am besten Baguette und Zitrone.

Tipp
Wenn du dir bei einer kaum geöffneten Muschel unsicher bist, ob sie verwendbar ist, mach einfach den Klopftest: Klopf mit einem Löffel gegen die Muschel. Schließt sie sich, ist sie lebendig und zum Verzehr geeignet.

Zitronencouscous mit Lachs und Minzöl

1–2 PERSONEN
20–30 MINUTEN
(24 Stunden Vorbereitung)

ZUTATEN

MINZÖL

30 g	**Minzeblätter**
100 ml	**Sonnenblumenöl**
1 EL	**weißer Balsamico**
	Salz

LACHS

2 Stück	**Lachs**
4 EL	**Olivenöl**
20	**Rosmarinnadeln**
	Meersalz *(grob)*
1	**Zitronenschale** *(abgerieben)*

COUSCOUS

1	**roter Paprika**
1	**Zwiebel**
3 EL	**Olivenöl**
250 ml	**Gemüsefond** *(Seite 37)*
	Salz
2	**Zitronenschalen** *(abgerieben)*
200 g	**Couscous**

TOOLS
Jow, Messer,
Brett, Gummispachtel,
Gefrierbeutel mit Zipp,
Waage

Die Minzeblätter fein hacken und in eine Tasse geben. Misch sie mit Sonnenblumenöl, Balsamico und Salz, und lass die Mischung für einige Minuten ziehen. Nun geht es an den Lachs, den du in einen Gefrierbeutel gibst und mit Olivenöl, Rosmarin, Salz und Zitronenabrieb marinierst. Jedes Lachsstück kommt in einen eigenen Gefrierbeutel. Dann streichst du über die Beutel, drückst so die Luft heraus und verschließt sie dann mit dem Zipp. Idealerweise lässt du den Fisch über Nacht im Kühlschrank marinieren, im Notfall reichen aber auch ein paar Stunden. Vor dem Garen sollte der Fisch allerdings Zimmertemperatur haben.

Den Paprika von Kernen und Stängeln befreien und in 5 Millimeter große Stücke schneiden. Schäle und schneide die Zwiebeln in Würfel. Dann gib das Olivenöl in Jow und erhitze es kurz, bevor die Paprikastücke darin anziehen. Die Zwiebel zugeben und kurz mitdünsten, dann mit dem Gemüsefond aufgießen und einmal aufkochen lassen. Den Sud mit Salz abschmecken.

Couscous und Zitronenabrieb in einer großen Schüssel vermengen und den heißen Gemüsesud darübergeben. Die Schüssel deckst du mit Frischhaltefolie ab. Nach 6 bis 8 Minuten sollte der Couscous die Flüssigkeit komplett aufgenommen haben. Unterdessen kochst du 1,2 Liter Wasser in Jow auf. Dann Jow abschalten und 0,5 Liter lauwarmes Wasser dazugeben. Das Wasser sollte nun circa 90 Grad haben. Die Gefrierbeutel mit den Fischen so in Jow einhängen, dass beide Beutel rundherum schön mit Wasser bedeckt sind und nicht aneinanderkleben. Die Öffnungen der Beutel sollten aus dem Wasser ragen, du kannst sie ganz einfach in den Deckel einklemmen. Die Fische bleiben nun 6 bis 10 Minuten im Wasser, falls eine weiße Flüssigkeit austritt, ist das Wasser zu heiß: Eiweiß tritt aus. In diesem Fall etwas kaltes Wasser dazugeben. Danach die Beutel herausnehmen und auf Festigkeit prüfen: Lässt sich der Lachs auseinanderschieben, ist er essfertig. Couscous mit Lachs auf einem Teller anrichten und mit Minzöl beträufelt servieren.

Tipp

Alternativ zu den Gefrierbeuteln werden neuerdings Vakuumhandpumpen samt wiederverwendbaren Sous-vide-Beuteln angeboten, die echtes Sous-vide-Garen im Jow ohne teure Geräte ermöglichen.

1.0
min
70
90
100
p

Suppen- und Asia-Fondue

2–4 PERSONEN
10–15 MINUTEN
(1 Stunde Vorbereitung)

ZUTATEN

SUPPENFONDUE

500 ml	**Rinder- oder Gemüsesuppe** *(Seiten 37, 39)*
300 g	**Schweinefilet**
300 g	**Rinderfilet**
1 kleiner	**Brokkoli, Blumenkohl oder Romanesco**
2	**Karotten**
200 g	**Knollen- oder Stangensellerie**

ASIA-SUPPEN-FONDUE

500 ml	**Rinder- oder Gemüsesuppe** *(Seiten 37, 39)*
1/4 EL	**rote Currypaste**
10	**Korianderblätter**
250 ml	**Kokosmilch**
2 EL	**Sushi-Seasoning**
2 EL	**Sojasauce**

TOOLS
Jow, Brett, Schüsseln, dicke Spieße oder Fonduegabeln, Schäler, Waage

SUPPENFONDUE
Zuerst kochst du die Suppe so ein, wie es auf den Seiten 37 und 39 beschrieben wird. Dann stellst du die Suppe beiseite und reinigst Jow. Danach füllst du ihn komplett mit gesalzenem Wasser und bringst dieses zum Kochen.
In der Zwischenzeit schneidest du das Fleisch in 2 Zentimeter große Würfel und gibst es auf einen Teller. Brokkoli, Blumenkohl oder Romanesco waschen und in mundgerechte Stücke schneiden. Die Karotten und den Sellerie putzen und in 15 Millimeter große Würfel schneiden.
Die einzelnen Zutaten jeweils wenige Sekunden in das kochende Wasser geben und danach mit kaltem Wasser abschrecken. So verhinderst du, dass die Zutaten übergaren; außerdem sind sie später im Fondue viel schneller fertig.
Nun gibst du die Suppe in Jow und stellst ihn mit seiner Basis auf den Esstisch. So kann sich jeder sein Essen selbst aufspießen und garen, indem er es in die kochende Suppe hält.
Zum Suppenfondue kann man alle Arten von Salat (Seite 87), Reis (Seite 45), gekochtem Gemüse oder Brot servieren. Ein Dip (Seite 73) rundet das Ganze noch ab, gut dazu passt zum Beispiel der Miso-Dip.

ASIA-SUPPENFONDUE
Für die asiatische Variante des Suppenfondues gibst du noch die spezifischen Zutaten in die Suppe, bevor du sie aufkochst.

Tipps
Man kann in der Suppe auch Ravioli, kleine Maultaschen oder Tortellini kochen und diese als Beilage servieren.
Besonders kräftig schmeckt die Suppe, die nach dem Fondue in Jow zurückbleibt. Keinesfalls wegschütten!

Sellerie-Räucherfisch-Pot

2–4 PERSONEN
20–30 MINUTEN

ZUTATEN

- *1* **Saibling oder Forelle** *(geräuchert)*
- *400 g* **Knollensellerie**
- *1 l* **Gemüsefond oder Wasser**
- *1* **Lorbeerblatt**
- *2* **Stangensellerie**
- *100 g* **Spitzkohl**
- **Salz**
- *200 ml* **Sahne**
- *50 g* **Butter**
- **Stangensellerieblätter**
- **Räucheröl**

TOOLS
Jow, Messer, Brett, feines Sieb, Stabmixer, Löffel, Schöpfer, Waage

Zuerst bereitest du den Räucherfischfond zu. Dafür putzt du den geräucherten Saibling und schneidest den Kopf ab. Bewahre ihn für die spätere Verwendung auf. Dann löst du die Filets entlang der Hauptgräte ab. Auch die Gräten legst du zur Seite. Befreie die Filets von ihrer Haut, und heb auch diese auf. Schneide die unteren Bauchteile schräg ab. Schneide die Filets in 2 bis 3 Zentimeter breite Stücke.

Nun schneidest du die Schale des Knollenselleries grob ab, zerkleinerst sie und verwendest sie für den Räucherfischfond; den restlichen Knollensellerie hebst du für später auf. Die Sellerieschale gemeinsam mit Kopf, Haut und Gräten vom Saibling und mit 1 Liter kaltem Gemüsefond (Rezept Seite 37) sowie dem Lorbeerblatt in Jow geben. Das Ganze lässt du 5 bis 8 Minuten kochen. So erhältst du den Räucherfischfond. Den Fond durch ein feines Sieb abgießen.

Den Stangensellerie in 3 Millimeter dünne Scheiben schneiden. Dann putzt du den Spitzkohl und entfernst die äußeren Blätter. Viertle den Kohl der Länge nach, und schneide ihn bis zum Strunk in feine Streifen.

Nun kommt Jow wieder zum Einsatz. Gib den Räucherfischfond hinein, und lass ihn einmal aufkochen. Mit Salz abschmecken. Den Knollensellerie hineingeben und weich garen. Nimm ein Drittel des Selleries mit einem Löffel oder Schöpfer aus dem Fond und stelle es beiseite.

In den Fond kommen nun Sahne und Butter. Alles mit einem Stabmixer fein pürieren. Stangensellerie und Spitzkohl hineingeben und 1 bis 2 Minuten köcheln lassen. Zum Schluss kommen die Filetstücke und die gegarten Selleriewürfel hinein. Lass alles 1 Minute ziehen, dann serviere den Sellerie-Räucherfisch-Pot mit gelben Stangensellerieblättern und ein paar Tropfen Räucheröl.

Wissen

Bevor Sellerie ab dem 16. Jahrhundert Einzug in die europäische Küche fand, diente er vor allem der Herstellung von Medizin, um Krankheiten wie Angststörungen, Schlaflosigkeit, Zahnschmerzen oder Rheuma zu behandeln. Gerüchten zufolge soll der in Sellerie enthaltene Stoff Apiin auch die Produktion von Sexualhormonen ankurbeln, weshalb ihm bis heute eine aphrodisierende Wirkung nachgesagt wird.

Spaghetti mit Dillpesto und Herzmuscheln

2–3 PERSONEN
20–30 MINUTEN

ZUTATEN

800 g **Herzmuscheln**
60 g **Dill**
15 g **Pinienkerne** *(geröstet)*
2 EL **Parmesan**
Salz
50 ml **Olivenöl**
300 g **Spaghetti**
1 **Zitronenschale** *(abgerieben)*

TOPPINGS
Walnüsse *(gehackt)*
Parmesan *(gehobelt)*
Dillspitzen
Salicornia

TOOLS
Jow, Schüssel, Messer, Brett, Vierkantreibe, Löffel, Waage

Gib die Herzmuscheln mit kaltem Wasser in eine Schüssel. 10 Minuten stehen lassen, damit die Muscheln genügend Zeit haben, Sand auszuspucken. Muscheln, die sich nicht schließen, musst du anschließend aussortieren.
Dill und Pinienkerne fein hacken und mit geriebenem Parmesan, Salz und Olivenöl in einer Tasse vermengen. Ein Profitrick ist, alles zusammen in den Mixer zu geben, damit es besonders fein wird.
Jetzt füllst du Jow zur Hälfte mit gesalzenem Wasser und bringst dieses zum Kochen. Die Herzmuscheln hineingeben und köcheln lassen, bis sie sich öffnen. Dann umgehend das Wasser abgießen, damit sie nicht zu lange kochen und zäh werden. Entferne das Muschelfleisch aus den Schalen und stell es beiseite.
In der Zwischenzeit kochst du die Nudeln in Jow, bis sie bissfest sind. Danach gießt du fast das ganze Wasser ab, 3 Esslöffel Nudelwasser verbleiben in Jow. Gib Muscheln, Dillpesto und geriebene Zitronenschale hinzu und erwärme die Mischung unter häufigem Rühren.
Servieren kannst du die Spaghetti mit gehackten Walnüssen, gehobeltem Parmesan und Dillspitzen. Wer gern etwas Neues probieren möchte, kann das Gericht mit Salicornia servieren, auch Queller oder Meeresspargel genannt.

Tipp und Wissen
Bissfest beziehungsweise al dente bezeichnet die Konsistenz der Nudeln, wenn sie gar, aber nicht weich, klebrig oder gar zerkocht sind. Vielen sind aber Al-dente-Nudeln zu fest. Die bevorzugte Konsistenz deiner Spaghetti ist Geschmackssache, und es bleibt allein dir überlassen, wie weich oder bissfest du sie am liebsten isst.

Tagliolini mit Kräuterseitlingen und Senfsauce v

2–3 PERSONEN
30–40 MINUTEN

ZUTATEN

- *300 g* **Tagliolini oder Tagliatelle**
- *3 EL* **Olivenöl** *(zum Beträufeln)*
- **Sonnenblumenöl**
- *6 kleine* **Kräuterseitlinge**
- *20 g* **Schalotten**
- *50 g* **Butter**
- *100 ml* **Weißwein**
- *300 ml* **Gemüse- oder Hühnerfond** *(Seiten 37, 39)*
- *250 ml* **Sahne**
- *100 g* **Butterwürfel** *(kalt)*
- *2 EL* **Senf** *(grob)*
- **Salz**

TOPPINGS

Petersilie
Kresse

TOOLS

Jow, Messer, Brett, Schneebesen, Stabmixer, Sieb, Küchenpapier, Tasse, Gummispachtel

Füll Jow zu drei Vierteln mit gesalzenem Wasser, und bring dieses zum Kochen. Nun gibst du die Tagliolini hinein und kochst sie bissfest. Schreck die Nudeln in einem Sieb mit kaltem Wasser ab, bis sie kalt sind. Dann beträufelst du sie mit etwas Olivenöl und rührst sie um, damit sie nicht zusammenkleben. Stell sie beiseite.

Das Sonnenblumenöl in Jow erhitzen. Die Kräuterseitlinge halbieren oder vierteln, dann mit der Schnittfläche nach unten im Öl goldbraun anbraten. Wenn nicht alle Pilze auf einmal in Jow passen, musst du portionsweise vorgehen. Jow zum Braten mehrfach wieder einschalten; vergiss dabei das Rühren nicht.

Die Kräuterseitlinge gibst du zum Abtropfen auf Küchenpapier. Nun schälst du die Schalotten und schneidest sie in feine Würfel. Dann wäschst du Jow gründlich aus, zerlässt die Butter darin und dünstest die Schalotten glasig.

Lösch das Ganze mit Weißwein ab, und lass ihn fast vollständig verkochen. Dann den Fond dazugeben und auf zwei Drittel reduzieren. Danach mit der Sahne ebenso vorgehen. Nun mixt du die kalten Butterwürfel und den Senf mit einem Stabmixer in die Sauce und schmeckst alles mit Salz ab.

Zum Finale gibst du die Nudeln und die Kräuterseitlinge dazu und erhitzt die Mischung. Servier das Gericht mit Petersilie oder Kresse.

Tipps und Wissen

Kräuterseitlinge sind kalorienarm und praktisch fettfrei. Im Unterschied zu anderen Pilzen sind sie das ganze Jahr über erhältlich, da sie ausschließlich aus dem Zuchtanbau stammen.

Da Kräuterseitlinge geschmacklich an den „König der Pilze“, den Steinpilz, erinnern, kannst du sie als Ersatz für fast sämtliche Rezepte mit Steinpilzen verwenden.

Kürbis-Kokos-Zitronengras-Curry mit Gemüseallerlei vv

1–2 PERSONEN
30–40 MINUTEN

ZUTATEN

CURRYSAUCE

1/2 EL	**Ingwer** *(gerieben)*
1 Stängel	**Zitronengras**
1/2	**Butternusskürbis**
2 EL	**Sonnenblumenöl**
1/2 EL	**rote Currypaste**
100 ml	**Wasser**
	Salz

GEMÜSEALLERLEI

6	**Champignons**
1	**roter Paprika**
200 g	**Stangenkohl oder Brokkoliröschen**
200 g	**Spitzkohl**
1	**Zucchini**
	Sonnenblumenöl

TOPPINGS

1 EL	**Kokosflocken**
10	**Korianderblätter**
1 EL	**Erdnüsse** *(gehackt)*

TOOLS

Jow, Brett, Messer, Teller, Schüssel, Löffel, Gummispachtel, Stabmixer

Für die Sauce zerdrückst du das Zitronengras. Danach halbierst du den Butternusskürbis und kratzt mit einem Löffel die Kerne heraus. Entferne mit einem Sägemesser die Schale des Kürbisses, und schneide ihn in 2 Zentimeter große Würfel.
Das Sonnenblumenöl und den Ingwer in Jow geben. Beides unter ständigem Rühren erhitzen. Die Kürbiswürfel zum Anschwitzen für 2 bis 3 Minuten dazugeben. Dann mengst du Kokosmilch, Wasser, Zitronengras und Salz bei. Schalte Jow wieder ein, und gare den Kürbis, bis er weich ist.
Dann nimmst du das Zitronengras heraus und zerkleinerst alle festen Teile mit einem Stabmixer oder zerdrückst mit einem Schneebesen die noch nicht zerfallenen Stücke. Füll die Masse in eine Schüssel, und stell sie beiseite.
Die Champignons putzen und vierteln, den Paprika von Kernen und Strängen befreien und in 2 Zentimeter große Stücke schneiden. Auch Stangenkohl, Brokkoli beziehungsweise Spitzkohl schneidest du in kleine Stücke. Dann halbierst du die Zucchini und schneidest sie in 5 Millimeter dünne Scheiben. Jedes einzelne Gemüse brätst du nun in Sonnenblumenöl scharf an, bis es eine schöne Farbe bekommt, aber noch Biss hat. Danach rührst du das Gemüse in die Sauce.
Bereite nun den Reis mit dem Zitronengras zu, wie es auf Seite 45 beschrieben ist. Stell ihn warm, und gib die Currysauce und das Gemüse noch einmal zum Erhitzen in Jow, bevor du es mit dem Reis auf einen Teller gibst. Mit Kokosflocken, Koriander und Erdnüssen bestreuen.

Wissen

Currypasten kennt man aus der Thaiküche. Es gibt sie in verschiedenen Schärfegraden in Rot, Grün oder Gelb, je nachdem, welche Sorte Chilis und sonstige Zutaten enthalten sind. Die Massaman- und Panaeng-Currypasten bezeichnen eher die Region, aus der sie stammen. Ihre cremige Konsistenz verdanken sie einer Zutat, die sie alle enthalten: Garnelenpaste.

Gnocchi mit Salbeibutter und Kirschtomaten v

1–2 PERSONEN
20–30 MINUTEN

ZUTATEN

GNOCCHI *(Seite 51)*

250 g	**Kartoffeln** *(gekocht)*
50 g	**Mehl**
50 g	**Maisstärke**
1 EL	**Topfen/Quark**
2	**Eigelb**
	Salz

SAUCE

10	**Kirschtomaten**
2 EL	**Butter**
6	**Salbeiblätter**
3 EL	**Gemüsefond oder Wasser**
	Zitronensaft
	Salz

TOOLS
Jow, Messer, Brett, Schüssel, Gummispachtel, Waage, Kartoffelpresse

Bereite zunächst die Gnocchi wie auf Seite 51 beschrieben zu.

Nun säuberst und trocknest du Jow. Halbiere die Kirschtomaten. Gib die Butter in Jow, und zerlass sie vorsichtig. Jetzt kommen auch schon Tomaten, Salbeiblätter und der Gemüsefond wie im Rezept auf Seite 37 beschrieben dazu.
Unter ständigem Rühren und abwechselndem Ein- und Ausschalten lässt du die Zutaten langsam eindicken, bevor du die noch warmen Gnocchi dazugibst. Zum Schluss schmeckst du das Essen mit Zitrone und Salz ab und garnierst mit ein paar frischen Salbeiblättern.

Tipps und Wissen
Salbei gilt als Heilpflanze schlechthin, leitet sich doch der Name vom lateinischen *salvare* ab, was so viel wie heilen bedeutet. Heute wird er hauptsächlich noch in Teemischungen und Hustentropfen eingesetzt.

Salbeiblätter solltest du an sonnigen Tagen am späten Nachmittag ernten, dann ist ihr Gehalt an ätherischen Ölen am höchsten. An einem schattigen und luftigen Ort lassen sie sich gut trocknen. Das Einlegen in Öl macht sie länger haltbar. Achtung: Es gibt auch Ziersalbei. Der ist nicht für die Verwendung in der Küche geeignet.

Kartoffel-Chorizo-Pot

2–4 PERSONEN
30 MINUTEN

ZUTATEN

- *2* **Tomaten**
- *200 g* **Chorizo oder andere Hartwurst**
- *1* **Zwiebel**
- *1* **Knoblauchzehe**
- *1* **roter Chili**
- *1–2* **Stangensellerie**
- *150 g* **Kartoffeln**
- *2 EL* **Olivenöl**
- *800 ml* **Gemüse- oder Rindersuppe** *(Seiten 37, 39)*
- *1 EL* **Kapern**
- **Salz**
- **Pfeffer**

TOOLS
Jow, Messer, Brett, Waage, Schüssel

Füll Jow zur Hälfte mit Wasser, und lass es einmal aufkochen. In der Zwischenzeit die Tomaten vom Stielansatz befreien und an der Unterseite kreuzförmig einritzen. Gib die Tomaten in das kochende Wasser, bis sich die Haut langsam ablöst. Nun schüttest du das Wasser ab und füllst Jow so schnell wie möglich mit kaltem Wasser auf. Jetzt kannst du mühelos die Haut komplett abziehen.
Das Tomatenfruchtfleisch in 1 Zentimeter kleine Würfel schneiden. Die Chorizo in feine Streifen schneiden. Zwiebel und Knoblauch schälen, die Zwiebel halbieren und in feine Würfel schneiden. Die Chilischote entkernen und in kleine Stücke hacken. Ebenso fein hackst du den Knoblauch.
Danach geht es an den Stangensellerie. Wasch ihn ab, und schneide ihn in 5 Millimeter dünne Scheiben. Die Kartoffeln schälen und je nach Größe vierteln oder sechsteln.
Erwärme das Olivenöl in Jow. Gib nun einzeln und nacheinander Zwiebel, Knoblauch, Chili, Chorizo und Sellerie für jeweils 1 bis 2 Minuten hinein. Zum Schluss kommen alle Zutaten mit den Kartoffel- und Tomatenstücken und der Suppe in Jow. Alles 5 bis 10 Minuten köcheln lassen. Zum Schluss gibst du die Kapern zur Suppe und schmeckst sie noch mit Salz und Pfeffer ab.

Wissen
Chorizo stammt aus Spanien und Portugal. Die Hartwurst wird 4 bis 6 Wochen an der Luft getrocknet. Dabei finden natürliche Fermentierungsprozesse statt. Ihnen verdankt die Wurst den leicht säuerlichen Geschmack und viele ihrer aromatischen Nuancen. Es gibt auch eine weiche Chorizo-Variante für warme Speisen, die aber nicht zu diesem Rezept passt.

Scharfer Rindfleischtopf

2–4 PERSONEN
30–40 MINUTEN

ZUTATEN

150 g	**Babykartoffeln**
150 g	**Karotten**
100 g	**Stangensellerie**
2	**rote Chilis**
80 g	**Shiitake- oder Austernpilze**
1 Bund	**Frühlingszwiebeln**
100 g	**Rindfleisch oder Rinderzunge**
800 ml	**Rindersuppe** *(Seite 39)*
	Thymian *(gehackt)*
3 EL	**Limettensaft**
1 Prise	**Salz**
1 EL	**Sojasauce**

TOOLS
Jow, Messer, Brett, Waage, Schüssel

Wasch und putz das Gemüse, bewahr die Sellerieblätter dabei auf. Dann halbierst du die Kartoffeln und viertelst sie längs. Schäle die Karotten, und schneide sie in etwa 3 Millimeter dicke Scheiben.
Schneide den Stangensellerie schräg in 5 Millimeter dicke Scheiben. Jetzt den roten Chili halbieren, entkernen und quer in 2 Millimeter dünne Streifen schneiden. Die Pilze vierteln. Nächstes Opfer sind die Frühlingszwiebeln, die du in 3 Millimeter breite Ringe schneidest. Das Rindfleisch in 5 Millimeter dicke Stücke schneiden und mit einem feuchten Küchentuch abdecken.
Dann kochst du die Rindersuppe (Rezept auf Seite 39) in Jow auf und gibst Kartoffeln und Rindfleisch dazu. Nach wenigen Minuten kommen dann noch Karotten, Stangensellerie, Pilze und Chili hinein. Jetzt kannst du alle Zutaten weich kochen. Zum Abschluss gibst du noch Thymian und die Frühlingszwiebeln hinzu und schmeckst den Rindfleischtopf mit Salz, Limettensaft und Sojasauce ab. Den Eintopf mit jungen Sellerieblättern garnieren und servieren.

Tipp und Wissen
Traditionell besteht Sojasauce aus Soja, Weizen, Wasser und Salz. Die Zutaten werden zu einer Art Maische verarbeitet und über mehrere Monate fermentiert. Während des Reifungsprozesses entstehen der typische Geschmack und die dunkle Farbe der Sauce.

Hochwertige Sojasauce sollte nur wenige natürliche Zutaten auf dem Etikett ausweisen. Zusatzstoffe, Aromen und Konservierungsmittel braucht erstklassige Sojasauce nicht.

DESSERTS

Pannacotta mit Erdbeeren und Basilikum

3–4 PERSONEN
15–20 MINUTEN
(2 TAGE)

ZUTATEN

PANNACOTTA

- *16 g* **Gelatine** *(circa 10 Blätter)*
- *1* **Vanilleschote**
- *200 ml* **Milch**
- *180 g* **Zucker**
- *1 Prise* **Salz**
- *1/2* **Orangenschale** *(abgerieben)*
- *400 ml* **Sahne**

ERDBEEREN

- *10* **Erdbeeren**
- *1 EL* **Honig oder brauner Zucker**
- *2 EL* **Zitronensaft**
- *4* **Basilikumblätter**

TOOLS
Jow, Brett, Messer, Schneebesen, Gläser

Zuerst spülst du Jow mit kaltem Wasser aus. Das verhindert, dass die Pannacotta anbrennt.
Nun bedeckst du die Gelatineblätter komplett mit kaltem Wasser und lässt sie einweichen, bis sie keine harten Stellen mehr haben. Das dauert 6 bis 10 Minuten. Unterdessen halbierst du die Vanilleschote mit einem kleinen Messer und kratzt das Mark heraus.
Verrühre die Gelatine, die Milch und die Sahne mit Zucker, Salz, Orangenabrieb und Vanillemark in Jow und schalte ihn ein. Beim Erwärmen ist das ständige Rühren wichtig, denn die Milch brennt schnell an. Sobald sich die Gelatine aufgelöst hat, nimmst du Jow vom Kontaktfuß, damit die Milch auf keinen Fall zu kochen beginnt.
Die feine Masse füllst du nun in Gläser um und lässt sie abkühlen. Nach spätestens 24 Stunden ist die Pannacotta ganz ausgehärtet.
Vor dem Servieren die Erdbeeren vorbereiten. Befreie sie vom Strunk, und viertle sie. Dann vermengst du die Früchte mit dem Honig beziehungsweise Zucker und gibst den Zitronensaft dazu. Das Basilikum schneidest du in dünne Streifen und mischst es ebenso unter. Die Erdbeermischung in ein Glas geben und die Pannacotta darüberlöffeln. Fertig ist das perfekte Dessert.

Tipps & Wissen
Pannacotta, italienisch für gekochte Sahne, gehört zu den beliebtesten italienischen Desserts und stammt ursprünglich aus dem Norden des Stiefels.

Eine vegane Variante der Süßspeise kannst du herstellen, indem du die Milch durch 200 Milliliter Sojasahne ersetzt. Statt Zucker nimmst du 25 Milliliter Agavendicksaft und statt der Gelatine einen halben Teelöffel Agar-Agar. Kochzeit: 1 Minute.

Vanille- und Schokoladenpudding v

1–2 PERSONEN
10–15 MINUTEN

ZUTATEN

VANILLEPUDDING
500 ml **Milch**
40 g **Maisstärke**
1 **Vanilleschote**
5 **Eigelb**
90 g **Zucker**
Vanillezucker *(nach Geschmack)*

SCHOKOLADEN-PUDDING
alle oben genannten Zutaten
40–60 g **dunkle Schokolade** *(gerieben)*

TOOLS
Jow, Gummispachtel, Gefäß, Messer, Schüssel, Waage

Der Schokopudding enthält genau die gleichen Zutaten wie der Vanillepudding und wird auch genauso zubereitet. Der einzige Unterschied ist, dass im letzten Schritt die dunkle Schokolade zugegeben wird.
Zuerst spülst du Jow mit kaltem Wasser aus, damit später die Milch nicht so schnell anbrennt. Gib 300 Milliliter der Milch mit der Maisstärke hinein, und koch sie unter ständigem Rühren auf. Die Milch darf auf keinen Fall anbrennen. Schalte Jow immer wieder ein und aus, so kannst du die Temperatur besser regeln.
Nun kratzt du die Vanilleschote aus und gibst das Mark mit der Schote zur erwärmten Milch. Verrühre die verbliebene noch kalte Milch mit Zucker, Eigelb und nach Geschmack auch Vanillezucker zu einer glatten Masse. Dann gibst du etwa 100 Milliliter gekochter Milch dazu, um die Temperatur anzugleichen. Jetzt gießt du das Zucker-Eigelb-Gemisch nach und nach in die kochende Milch. Achte darauf, dass nichts anbrennt. Die Masse so lange einkochen lassen, bis die typische Puddingkonsistenz entsteht.
Für Schokoladenpudding rührst du nun noch die dunklen Schokoladenstücke ein, bis sie sich vollständig auflösen.
Nun füllst du die komplette Masse in eine Schüssel oder gleich in Servierschalen um und bedeckst sie mit Frischhaltefolie. So kann der Pudding auskühlen, ohne fremde Gerüche anzunehmen. Außerdem bildet sich keine unerwünschte Haut.

Wissen
In Großbritannien bezeichnet das Wort „Pudding“ ursprünglich ein aus Brot, Gemüse oder Fleisch bestehendes Gericht. Es wird im heißen Wasserbad zubereitet oder gedämpft. Beispiele dafür sind Black Pudding (Blutwurst) und die schottischen Haggis, mit Innereien und Getreide gefüllte Schafsmägen.

Kirschen mit Vanillesauce v

1–2 PERSONEN
20–30 MINUTEN

ZUTATEN

VANILLESAUCE

3 **Eigelb**
70 g **Zucker**
1 **Vanilleschote** *(frisch)*
250 ml **Milch**
1 Prise **Salz**

MARINIERTE KIRSCHEN

15–20 **Kirschen** *(entkernt)*
4 EL **Zitronengras-Ingwer-Sirup** *(Seite 217)* **oder ein anderer Sirup deiner Wahl**
1/2 EL **Thymianblätter**

TOOLS
Jow, Gummispachtel, Messer, Brett, Schüssel, Thermometer

Zu Beginn spülst du Jow mit kaltem Wasser aus, damit die Milch nicht anbrennt. Danach verrührst du die Eigelbe mit dem Zucker so schnell wie möglich in einer Schüssel, damit sich keine Klumpen bilden.
Die Vanilleschote der Länge nach halbieren und das Mark mit einem kleinen Küchenmesser herauskratzen. Jetzt kochst du die Milch unter ständigem Rühren in Jow auf. Wenn du Jow dabei mehrfach ein- und ausschaltest, kannst du die Temperatur besser kontrollieren.
Gib Salz und Vanillemark zur Milch, und rühr dann die Eigelb-Zucker-Masse unter, bis alles die gleiche Temperatur hat. Die Milch darf nicht noch einmal kochen. Schalte Jow deshalb wie oben immer wieder ein und aus.
Du kannst die Temperatur auch mit dem Thermometer kontrollieren. Die Marke von 82 °C darf nicht überschritten werden, sonst stockt das Ei.
Ist die gesamte Masse leicht angedickt, ist die Vanillesauce fertig. Füll sie in eine Schüssel um. Du kannst sie heiß oder kalt servieren. Durch mehrmaliges Umrühren verhinderst du, dass sich eine Haut bildet.
Nun werden die Kirschen abgewaschen, halbiert und entkernt. Mariniere sie nach Belieben mit Sirup und Thymianblättern. Dann verteilst du sie auf Servierschüsseln oder Gläser und gibst Vanillesauce darüber.

Tipp

Frische Kirschen erkennt man am geraden, grünen Stiel. Achte also beim Kauf darauf, dass alle Kirschen noch den Stiel dranhaben. Kirschen sind übrigens eine Vitaminbombe. Sie besitzen sehr viel Kalium und Vitamin C, sind daneben aber auch sehr kalorienarm.

Kürbis-Kiwi-Dessert vv

1–2 PERSONEN
15–20 MINUTEN

ZUTATEN

KÜRBISSAUCE

100 g **Kürbiskerne**
250 g **Butternusskürbis**
2 **Orangen** *(Saft)*
1/2 **Zitrone** *(Saft)*
60 g **Zucker**
3 EL **Gewürzsirup** *(Seite 217)*
90 ml **Wasser**
Salz

TOPPINGS

2 **Kiwis**
1–2 Kugeln **Vanilleeis** *(vegan)*
2 EL **Kürbiskerne**

TOOLS

Jow, Messer, Brett,
Glas oder Tasse,
Stabmixer, Löffel

Gleich zu Beginn gibt es richtige Action: Du röstest die Kürbiskerne in Jow. Das geht ganz ohne Öl und dauert ein paar Minuten. Vergiss dabei nicht aufs gelegentliche Umrühren, damit die Röstung gleichmäßig erfolgt.

Danach halbierst du den Kürbis und kratzt mit einem Löffel die Kerne heraus. Entferne die Schale mit einem großen Messer, und schneide das Fruchtfleisch in 2 Zentimeter breite Würfel.

Nun befreist du den Orangen- und Zitronensaft von den Kernen und gibst ihn in Jow. Dazu kommen Kürbisstücke, Zucker, Salz, Gewürzsirup sowie Wasser. Alles aufkochen und dann ungefähr 10 Minuten einkochen, bis der Kürbis zerfällt und nur noch wenig Flüssigkeit übrigbleibt.

Nun mixt du alles mit einem Stabmixer, damit auch die letzten Stücke zerkleinert werden. Alternativ zerdrückst du die Masse mit einem Schneebesen.

Während des Kochvorgangs kannst du die Kiwis schälen und würfelig schneiden. Dann gibst du sie in ein Glas oder eine Schale. Eine Kugel Vanilleeis daraufsetzen, mit der Kürbissauce übergießen und mit den Kürbiskernen bestreuen.

Tipp & Wissen

Kürbiskerne werden zu den Superfoods gezählt und sind aufgrund ihrer essenziellen Inhaltsstoffe und medizinisch anerkannten Wirkungsweisen im wahrsten Wortsinn kerngesund.

Wenn du die Kürbissauce heiß mit dem kalten Vanilleeis servierst, ergibt das eine besonders raffinierte geschmackliche Kombination.

Cassisfeigen mit Frischkäse und Mandeln v

1–2 PERSONEN
20–30 MINUTEN

ZUTATEN

4 **Feigen**

CASSISSAUCE
200 ml **Rotwein oder roter Portwein**
80 g **Zucker**
2 EL **Gelierzucker** *(1:1)*
1 Schuss **Cassislikör**
200 g **Beerenmix mit Schwarzen Johannisbeeren**

FRISCHKÄSECREME
175 g **Frischkäse**
2 EL **Staubzucker**
1/2 **Zitronenschale** *(abgerieben)*
2 EL **Milch**
Salz

TOPPINGS
Mandelblätter
Minzeblätter

TOOLS
Jow, Brett, Messer, Waage

Die Feigen gründlich mit kaltem Wasser abwaschen und nach Wunsch schälen. Dafür schneidest du die Enden ab, viertelst die Früchte und ziehst die Schalen vom Ansatz her mit einem kleinen spitzen Messer ab. Danach legst du sie auf einen tiefen Teller. Füll Rotwein, Zucker, Gelierzucker und Cassislikör in Jow, der Deckel sollte nur halb geschlossen werden. Dafür kannst du einfach etwas Hitzebeständiges einklemmen (zum Beispiel eine Gummispachtel). So kann der Dampf entweichen, aber das kochende Wasser spritzt nicht heraus. Die Flüssigkeiten auf die Hälfte reduzieren.
Nun gibst du den Beerenmix hinzu und lässt alles so lang kochen, bis eine cremige Masse entstanden ist. Unterdessen die Frischkäsecreme zubereiten und dafür die genannten Zutaten miteinander verrühren. Die Cassissauce eventuell noch mit einem Stabmixer pürieren.
Die fertige Sauce über die Feigen geben. 10 bis 15 Minuten marinieren. Dann verteilst du sie auf zwei kleine Schüsseln. Die Frischkäsecreme kommt dann über die marinierten Feigen, und du garnierst das Ganze mit Mandelblättern oder Minze – fertig!

Tipps und Wissen
Es gibt über 50 verschiedene Sorten Johannisbeeren. Die meisten sind rot und haben einen säuerlichen Geschmack. Schwarze Johannisbeeren nennt man Cassis. Sie haben einen besonders hohen Gehalt an Vitamin C und Pektin (Gelierstoff).

Achte beim Kauf der Feigen darauf, dass du wirklich frische und reife Früchte bekommst. Wenn du sie sanft drückst, sollten sie sich weich, aber keinesfalls matschig anfühlen; je dunkler die Färbung, desto reifer sind sie. Harte Feigen sind unreif, können aber zu Hause bei Zimmertemperatur in 1 bis 2 Tagen nachgereift werden. Leg sie dazu auf eine weiche Unterlage, da sie äußerst druckempfindlich sind.

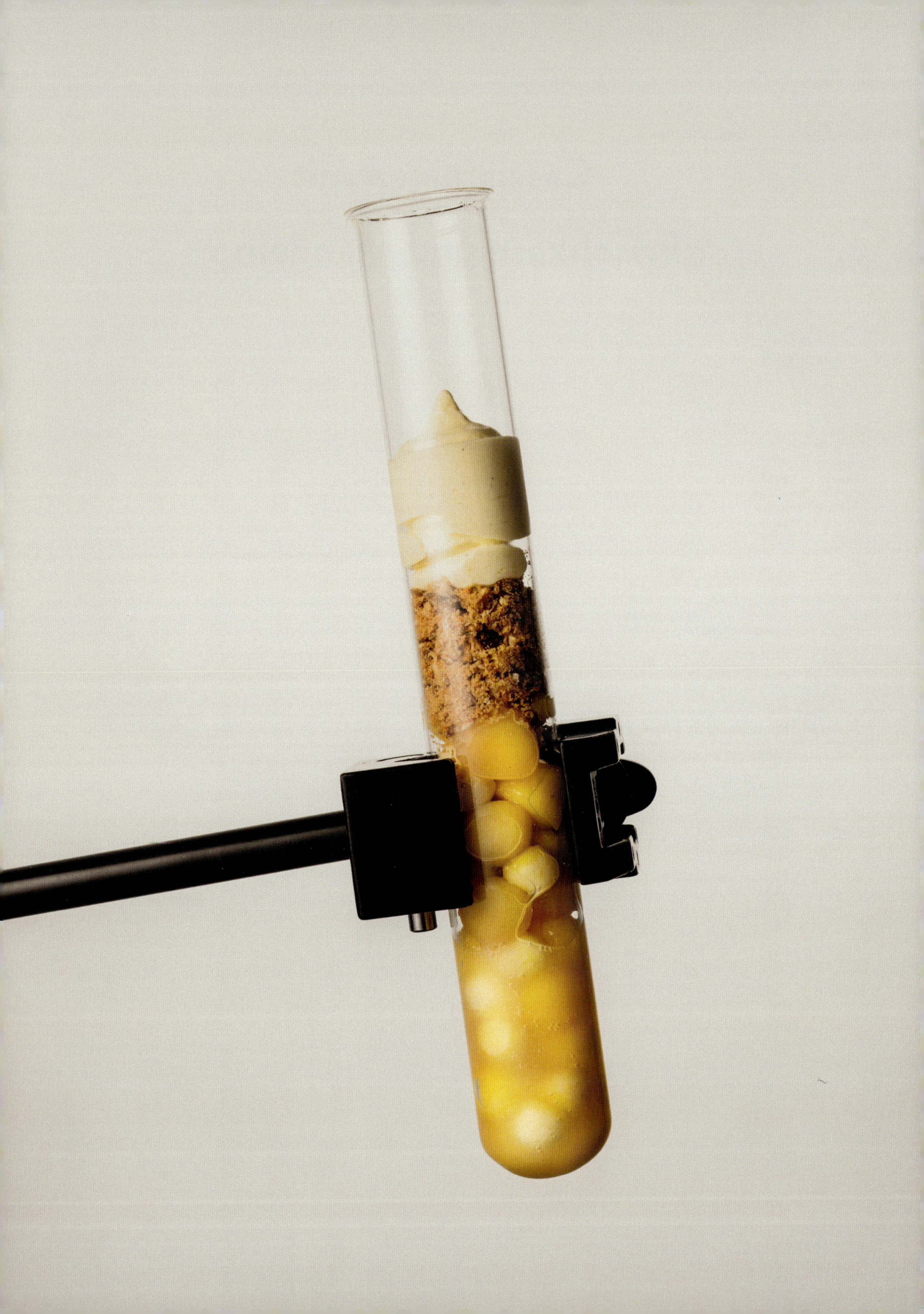

Zimt-Molke-Apfel-Kompott

1–2 PERSONEN
30–40 MINUTEN

ZUTATEN

MOLKE

500 ml	**Milch**
50 g	**Zucker**
4 TL	**Zitronensaft oder Essig**

APFELKOMPOTT

3–4	**Äpfel**
3 EL	**Holundersirup** *(Seite 217)*
1 TL	**Zimtpulver**
3 EL	**Gelierzucker** *(1:1)*
150 ml	**Apfelsaft** *(naturtrüb)*
100 ml	**Weißwein**
4 EL	**Calvados** *(nach Geschmack)*
150 ml	**Molke**

TOPPINGS
Vanilleeis
Haferflockenkekse

TOOLS
Jow, Messer, Brett, Schäler, Geschirrtuch oder feines Passiertuch, Gummispachtel, Waage

MOLKE

Zuerst spülst du Jow mit kaltem Wasser aus, damit die Milch später nicht anbrennt. Gib diese dann mit dem Zucker hinein, und koch sie langsam auf. Dabei musst du ständig mit einer Gummispachtel umrühren, damit sich auch wirklich nichts anlegt.

Dann kannst du Jow abschalten und 4 Teelöffel Zitronensaft oder Essig in die kochende Milch geben. Nun flockt die Milch in Frischkäse und Molke aus. Im ersten Moment sieht das eigenartig aus, doch das ist genau das, was wir brauchen. Passier die Molke nun durch ein feines Musselin- oder Geschirrtuch, und bewahre den Frischkäse separat auf. Er schmeckt zum Beispiel hervorragend zum Frühstück. Auch die Molke lässt sich – vermischt mit einem beliebigen Fruchtsaft in gleicher Menge – zum Frühstück servieren.

APFELKOMPOTT

Äpfel schälen, vierteln, das Kerngehäuse entfernen und das Fruchtfleisch in kleine Stücke schneiden. Nun kochst du Holundersirup, Zimtpulver, Gelierzucker, Apfelsaft, Weißwein und nach Geschmack auch Calvados in Jow auf. Nach 5 Minuten Einkochen sollte die Flüssigkeit dicker geworden sein.

Nun gibst du die vorher hergestellte Molke und die Apfelstücke dazu und lässt alles noch einmal 1 bis 2 Minuten aufkochen. Jetzt schaltest du Jow aus, lässt die Äpfel ziehen und alles gemeinsam abkühlen.

Zum Servieren kannst du noch eine Kugel Vanilleeis und kleine Haferflockenkekse dazugeben.

Wissen

Molke stammt ursprünglich aus Russland. Ihre Haupteigenschaften lassen sich in etwa so auf einen Nenner bringen: mager, aber nahrhaft. Das klingt widersprüchlich, lässt sich aber leicht erklären: Molke enthält zwar extrem wenig Fett und Kalorien, dafür umso mehr wertvolle Nährstoffe aus der Milch.

Waldbeerenrumtopf mit Topfen-Mohn-Creme v

1–2 PERSONEN
30–40 MINUTEN

ZUTATEN

TOPFENCREME

2 EL **Mohn** *(gemahlen)*
100 g **Joghurt**
2 EL **Staubzucker**
50 g **Topfen/Quark**
3 EL **Milch**

RUMTOPF

100 ml **Erdbeersaft**
etwa 10 g **Zucker** *(nach Geschmack)*
50 ml **Orangensaft**
Salz
2 EL **Rum** *(40 Vol.-%)*
300 g **Waldbeerenmix**

TOPPINGS

Thymianspitzen

TOOLS

Jow, Schüssel, Schneebesen, Waage

TOPFEN-MOHN-CREME

Zuerst gibst du den Mohn in Jow und röstest ihn ganz ohne Öl für einen kurzen Moment an. Achte unbedingt darauf, dass der Mohn dabei nicht anbrennt. Den gerösteten Mohn in eine Schüssel geben. Joghurt, Milch, Puderzucker und Topfen/Quark dazugeben und mit einem Schneebesen verrühren. Die Mischung 20 Minuten stehen lassen.
Falls die Masse zu fest wird, rührst du einfach noch einmal alles mit ein bisschen mehr Milch auf, bis eine feine Creme entsteht. Danach verteilst du sie auf Schüsseln.

RUMTOPF

Gib Erdbeersaft, Zucker, Orangensaft und Salz in Jow, und lass die Flüssigkeit 6 Minuten einkochen. Nun schaltest du Jow aus, rührst den Rum ein und gibst die Beeren hinzu. Das Ganze lässt du 15 Minuten ziehen. Nun schmeckst du noch ab, ob du zuvor genügend Rum dazugegeben hast, und schon ist der Rumtopf fertig. Über die Topfen-Mohn-Creme geben und mit etwas Thymian servieren.

Tipps und Wissen

Unter den Begriff Waldbeeren fallen unter anderen Brombeeren, Heidelbeeren, Hagebutten, Himbeeren, Holunderbeeren und Preiselbeeren.

Heimische Waldbeeren werden im Supermarkt vor allem in der warmen Jahreszeit, also im Sommer, angeboten, zu anderen Zeiten sind sie frisch nur als Importware verfügbar. Allerdings gibt es den Beerenmix ganzjährig als Tiefkühlware, die sich für den Rumtopf perfekt eignet.

Kokosmilchreis mit exotischen Früchten vv

3–4 PERSONEN
30–40 MINUTEN

ZUTATEN

KOKOSMILCHREIS

450–600 ml **Kokosmilch**
100 g **Rundkornreis**
Salz
50 g **Zucker**
45 g **Kokosflocken**

PASSIONSFRUCHT-SAUCE

125 ml **Passionsfruchtsaft**
1 gestrichener EL **Maisstärke**
15 g **Zucker**

TOPPINGS

Ananas
Mango
Kiwi
Passionsfrucht

TOOLS

Jow, Messer, Brett, Schneebesen, Gummispachtel, Waage

Das Rezept besteht aus zwei Teilen, die du nacheinander zubereiten kannst. Falls du den Milchreis aber gleich warm essen möchtest, solltest du mit der Marinade anfangen, da sie auskühlen muss. Dazwischen musst du Jow reinigen wie auf Seite 17 beschrieben.

KOKOSMILCHREIS MIT EXOTISCHEN FRÜCHTEN

Alle Zutaten außer den Kokosflocken in Jow geben und aufkochen. Währenddessen die Masse mit einer Gummispachtel ständig durchmischen, damit nichts auf dem Boden anbrennt. Etwa 20 Minuten unter ständigem Rühren kochen, dabei Jow mehrmals ein- und wieder ausschalten.
Zum Schluss rührst du die Kokosflocken ein. Falls der Milchreis noch sehr fest ist, kannst du noch etwas Kokosmilch dazugeben, bis die Masse schön cremig ist. Kalt oder warm servieren.

PASSIONSFRUCHTSAUCE

Gib alle Zutaten in Jow, und verrühr sie mit einem Schneebesen. Dann schaltest du Jow ein und lässt die Masse 5 bis 6 Minuten köcheln und eindicken. Achtung, die Marinade wird noch dickflüssiger, wenn sie abkühlt. Nach dem Abkühlen rührst du noch die zerkleinerten Früchte ein und gibst alles über den Kokosmilchreis.

Tipps
Beim Kauf von Passionsfrüchten ist es wichtig, dass sie richtig reif sind. Das erkennst du daran, dass die Früchte schon leicht schrumpelig sind. Ist die Schale glatt oder grün, sind sie noch unreif.

max
1.7l
max Tea
1.4l
1.0
min
0.5l

Schokoladenfondue v

4–6 PERSONEN
10–15 MINUTEN

ZUTATEN

DUNKLES FONDUE
300 g **Zartbitter-** *(70 %)* **oder Milchschokolade**
80 ml **Sonnenblumenöl**

WEIẞES FONDUE
300 g **weiße Schokolade**
50 ml **Sonnenblumenöl**

ZUM EINTAUCHEN
Obst *(frisch und/oder getrocknet)*

TOPPINGS
Dekorzuckerkugeln oder bunte Schokoladenstreusel
Mandeln oder Haselnüsse *(gehackt)*
Kekse

TOOLS
Jow, Metallschüssel, Gummispachtel, Messer, Spieße oder Fonduegabeln

Sowohl das weiße als auch das dunkle Schokofondue werden auf die gleiche Weise zubereitet. Unterschiedlich sind nur die Mengen an Sonnenblumenöl und natürlich der Geschmack.

Zunächst hackst du die Schokolade fein und gibst sie mit dem Öl in eine Metallschüssel. Nun füllst du Jow zur Hälfte mit Wasser und lässt es einmal aufkochen. Ist das Wasser heiß, öffnest du den Deckel und stellst die Metallschüssel auf Jow. Unter ständigem Rühren mit einer Gummispachtel lässt du die Schokolade langsam schmelzen. Ist das Wasser in Jow nicht mehr heiß genug, schaltest du ihn einfach wieder ein, und schon werden das Wasser und indirekt auch die Schokolade erhitzt. Am einfachsten geht das, wenn du Jow samt seiner Station in deiner Nähe aufstellst, damit du nicht ständig aufspringen und dich zu ihm hinbewegen musst.
Ist die Schokolade flüssig genug, kann der Fonduegenuss beginnen. Am besten schmeckt frisches oder getrocknetes Obst, aber deiner Kreativität sind keine Grenzen gesetzt. Zum Eintauchen verwendest du am besten Fonduegabeln oder einfache Holzspieße.
Zum Schluss streust du noch ein Topping deiner Wahl über die süße Verführung, und schon kann der Jow-Fondueabend beginnen.

Tipps
Für ein perfektes Schokofondue brauchst du die richtige Grundzutat. Sehr gut eignen sich hochwertige helle oder dunkle Schokoladen mit hohem Kakaoanteil, am einfachsten geht es aber mit Kochschokolade oder speziell bezeichneter Fondueschokolade.
Eine würzig-schärfere Variante des dunklen Fondues bringst du auf den Tisch, wenn du beim Schokoschmelzen eine ganze Chilischote dazugibst.

Gewürzorangen und Kumquats mit Mascarponecreme V

2–4 PERSONEN
30–40 MINUTEN

ZUTATEN

GEWÜRZORANGEN
15 **Kumquats/Zwergorangen**
10 EL **Gewürzsirup** *(Seite 217)*
3 **Orangen**
1 EL **Zitronensaft**

MASCARPONECREME
150 g **Mascarpone**
100 g **griechisches Joghurt**
80 ml **Gewürzsirup** *(Seite 217)*

TOPPINGS
Kekse
Minzeblätter

TOOLS
Jow, Messer, Brett, großer Gefrierbeutel mit Zipp, Metallschüssel

Bevor du dieses tolle Dessert zubereiten kannst, musst du den Gewürzsirup mischen. Wie das geht, erfährst du auf Seite 217.

Füll Jow zu drei Vierteln mit Wasser, und koch dieses auf. In der Zwischenzeit schneidest du die Zwergorangen in 3 Millimeter breite Streifen und entfernst die Kerne. Mariniere sie in 5 Esslöffeln Gewürzsirup, und gib alles in einen Gefrierbeutel.
Die Luft aus dem Beutel streifen und diesen verschließen. Gib den Beutel in das kochende Wasser, und lass die Kumquats 5 bis 10 Minuten weich kochen. Dabei sollte die Öffnung des Gefrierbeutels immer aus dem Wasser ragen. Du kannst die Öffnung mit dem Zipp auch einfach mit dem Deckel einklemmen. Ist die Zeit um, legst du den Beutel mitsamt den Zwergorangen in kühles Wasser.
Nun filetierst du die großen Orangen. Schneide jeweils eine dicke Scheibe von der Ober- und Unterseite ab, bis das Fruchtfleisch zu sehen ist. Dann stellst du die Früchte auf eine Schnittfläche und entfernst die restliche Schale mit einem scharfen Messer. Dabei ist es wichtig, dass die weiße Haut komplett abgeschnitten wird. Nun löst du die einzelnen Segmente von den Trennhäuten ab. Dabei wird ein bisschen Orangensaft auslaufen, den du in einer Schüssel auffängst.
Jetzt vermengst du den eben gewonnenen Saft mit 5 Esslöffeln Gewürzsirup und dem Zitronensaft. Mariniere die Orangenspalten und Kumquats darin. Für die Mascarponecreme vermischst du einfach gründlich die Zutaten und gibst sie anschließend in Gläser oder Schüsseln. Die Früchte darauf verteilen und mit Keksen oder Minze dekorieren.

Pochierte Vanillebirnen mit Salzerdnüssen VV

2–4 PERSONEN
30–40 MINUTEN

ZUTATEN

2 **Birnen**
500 ml **Birnensaft**
1 Spritzer **Zitronensaft**
1–2 **Vanilleschoten**
80 g **Zucker**
400 ml **Weißwein oder Prosecco**
3 EL **Zitronengras-Ingwer-Sirup** *(Rezept Seite 217)*

TOPPINGS
Erdnüsse *(gesalzen)*
dunkle Schokolade *(gehackt)*

TOOLS
Jow, Messer, Brett, Schäler, Löffel, Schüssel

Zu Beginn viertelst du die Birnen und entfernst das Kerngehäuse der Früchte. Nun gibst du sie in eine Schüssel und bedeckst sie mit Birnensaft und einem Spritzer Zitronensaft, damit sie nicht braun werden. Jetzt halbierst du die Vanilleschoten und kratzt das Mark heraus.
Danach kommen Zucker, Weißwein und Vanilleschote in Jow. Aufkochen und um die Hälfte reduzieren. Dafür muss der Deckel offen stehen, damit Wasserdampf entweichen kann. Ist die Flüssigkeit ausreichend reduziert, füllst du sie in eine Schüssel um.
Jow säubern und dann den Zitronengras-Ingwer-Sirup (siehe Rezept auf Seite 217) und die Birnen hineingeben und bei geschlossenem Deckel gar ziehen lassen, bis die Früchte komplett durchgezogen sind. Das erkennst du daran, dass auf den Birnen keine weißlichen Punkte mehr zu sehen sind.
Nimm nun die Birnen aus der Flüssigkeit heraus, und säubere Jow erneut.
Nun kommt wieder der am Anfang hergestellte Pochierfond in Jow. Aufkochen und eindicken lassen, dann kalt stellen.
Gib die Birnen mit dem Fond in Schüsseln, und bestreu sie mit gesalzenen Erdnüssen und der gehackten Schokolade.

Tipp
Beim Pochieren ist generell zu beachten, dass die Flüssigkeit nicht kocht. Wird die Flüssigkeit zu heiß oder beginnt gar zu kochen, wird dies dazu führen, dass die Birnen außen schon zerfallen, aber im Inneren noch lange nicht durchgezogen sind. Das Innere wird dann beim Auskühlen hässlich braun.

Pfirsiche und Himbeeren mit weißer Schokolade und Pistazien v

3–4 PERSONEN
20–30 MINUTEN

Für dieses delikate Dessert bereitest du zuerst die Pfirsiche und dann die Schokoladensauce zu. Die Reihenfolge ist wichtig, denn die Pfirsiche müssen abkühlen, und die Sauce kann auch warm serviert werden.

ZUTATEN

PFIRSICHE

600 g **Pfirsiche**
300 ml **Pfirsichsaft**
50 ml **Orangensaft**
300 g **Gelierzucker** *(3:1)*

SCHOKOSAUCE

200 g **weiße Schokolade**
100 ml **Milch**
200 ml **Sahne**

TOPPINGS

Himbeeren
Pistazien *(gehackt)*

TOOLS

Jow, Messer,
Brett, Gummispachtel,
Metallschüssel, Waage

PFIRSICHE

Du füllst Jow zu drei Vierteln mit Wasser und bringst es zum Kochen. Dann gibst du die Pfirsiche in das heiße Wasser und holst sie nach nur 30 Sekunden wieder heraus. Die Früchte mit kaltem Wasser abschrecken und danach mit einem kleinen Messer häuten. Halbiere die Pfirsiche, entferne die Kerne, und schneide die Früchte in gleichmäßige Stücke oder Scheiben.
Nun gibst du Pfirsich- und Orangensaft mit dem Gelierzucker in Jow und lässt die Flüssigkeit 2 bis 3 Minuten kochen. Als Letztes füllst du das Gemisch in ein anderes Gefäß und gibst die Pfirsiche hinzu. Lass alles abkühlen, und füll es dann in Gläser oder Schüsseln.

WEISSE SCHOKOLADENSAUCE

Für die Sauce zerkleinerst du die Schokolade und gibst sie in eine Metallschüssel. Danach gibst du Sahne und Milch in Jow und schaltest ihn ein. Die Flüssigkeit unter ständigem Rühren erhitzen, aber nicht kochen und nicht anbrennen lassen. Falls das Gemisch zu heiß wird, Jow per Hand mehrfach aus- und wieder einschalten.
Jetzt gießt du die heiße Flüssigkeit über die Schokostückchen und bringst sie damit zum Schmelzen. Alles zu einer gleichmäßigen Masse verrühren, und schon ist die Sauce fertig. Warm oder kalt über die Pfirsiche gießen. Abschließend mit Himbeeren und Pistazien bestreuen und servieren.

Cassis-Portwein-Trüffeln v

30 STÜCK
1 STUNDE

ZUTATEN

100 g **Schwarze Johannisbeeren**
100 ml **roter Portwein**
200 g **dunkle Schokolade** *(70 %)*
50 g **Butter**
Salz
200 g **Kakaopulver**

TOOLS
Jow, Gummispachtel, Metallschüssel, Teller, Tasse, Waage

Zuerst gibst du die Johannisbeeren und den Wein in Jow und kochst beides auf. Die Flüssigkeit auf 100 Milliliter beziehungsweise Gramm reduzieren. Gib die Flüssigkeit in eine Teetasse. Nun füllst du Jow zur Hälfte mit Wasser und lässt es aufkochen. In der Zwischenzeit zerkleinerst du Schokolade und Butter und gibst sie in eine Metallschüssel. Nun öffnest du den Deckel von Jow und stellst die Schüssel auf den Kocher. Lass die beiden Zutaten unter ständigem Rühren mit einer trockenen Gummispachtel schmelzen.
Ist die Schokolade geschmolzen, gibst du Salz und das Wein-Cassis-Gemisch dazu und verrührst alles zu einer glatten Masse. Die Masse erkalten lassen, damit sie sich gut formen lässt.
Pro Trüffel rollst du jeweils 10 Gramm der Masse zur einer Kugel. In Kakaopulver wälzen und in ein Gefäß legen. Bei 8 bis 20 °C sind sie lang haltbar. Da sie aber so gut schmecken, wirst du sie bestimmt nicht allzu lang aufbewahren können.

Wissen
Schon um 1450 stellten die Bewohner des Dourotals im Norden Portugals ihren bis heute berühmten und begehrten Portwein her. Seit 1756 gilt dort ein Weingesetz, in dem von der Ernte bis zum Export sämtliche Vorschriften für den An- und Ausbau von Portwein streng geregelt sind.

Passionsfruchttrüffeln V

30 STÜCK
1 STUNDE

ZUTATEN

200 ml **Passionsfruchtsaft**
50 ml **Mangosaft**
200 g **Milchschokolade**
50 g **Butter**
50 g **Mangostücke** *(getrocknet)*
Salz
10 g **Puffamaranth**
Kakaopulver oder Schokostreusel zum Wälzen

TOOLS
Jow, Gummispachtel, Metallschüssel, Teller, Tasse, Waage

Am Anfang gibst du den Passionsfrucht- und den Mangosaft in Jow und kochst sie ein. Reduziere die Flüssigkeit auf etwa 90 Milliliter, und gib sie in eine Tasse.
Nun füllst du Jow zur Hälfte mit Wasser und lässt dieses aufkochen.
In der Zwischenzeit zerkleinerst du Schokolade und Butter und gibst sie in eine Metallschüssel. Nun öffnest du den Deckel von Jow und stellst die Schüssel auf den Kocher. Lass die beiden Zutaten unter ständigem Rühren mit einer trockenen Gummispachtel schmelzen.
Ist die Schokolade geschmolzen, gibst du die Mangostücke, das Salz und das Mango-Passionsfrucht-Gemisch dazu. Alles zu einer glatten Masse rühren. Puffamaranth in die Masse einrühren und zum Formen erkalten lassen.
Pro Trüffel rollst du 10 Gramm der Masse zu einer Kugel. Im Kakaopulver wälzen und sie in ein Gefäß geben. Du kannst die Trüffeln bei 8 bis 20 °C lagern oder am besten gleich vernaschen.

Wissen

Passionsfrüchte und Maracujas sind einander sehr ähnlich, unterscheiden sich aber in der Farbe und im Geschmack. Während die Schale der Passionsfrucht rot bis violett schimmernd ist, sieht eine Maracuja hellgrün bis gelblich aus. Passionsfrüchte schmecken süßlich, Maracujas eher säuerlich. Botanisch betrachtet gehören beide zur Gattung der Passionsblumen.

Kokos-Limetten-Trüffeln v

30 STÜCK
1 STUNDE

ZUTATEN

300 g **weiße Schokolade**
10 ml **Batida de Coco**
1 **Limettenschale** *(abgerieben)*
50 g **Kokosflocken**
Salz

TOOLS
Jow, Gummispachtel, Metallschüssel, Messer, Teller, Tasse, Waage, Gefäß

Füll Jow zur Hälfte mit Wasser, und lass dieses aufkochen. In der Zwischenzeit zerkleinerst du Schokolade und Butter und gibst sie in eine Metallschüssel. Nun öffnest du den Deckel von Jow und stellst die Schüssel auf den Kocher. Lass die beiden Zutaten unter ständigem Rühren mit einer trockenen Gummispachtel schmelzen.
Ist die Schokolade geschmolzen und schön zähflüssig, gibst du Batida de Coco, Limettenabrieb, Kokosflocken und Salz dazu. Alles zu einer glatten Masse verrühren und erkalten lassen, damit sich die Trüffeln besser formen lassen.
Forme je etwa 10 Gramm schwere Kugeln, und wälze sie in den Kokosflocken. In einem geschlossenen und trockenen Gefäß halten sie sich am besten zwischen 8 und 20 °C.

Wissen
Im Gegensatz zu herkömmlicher Schokolade wird bei der Herstellung weißer Schokolade der Kakaomasse das Kakaopulver entzogen und nur die verbliebene Kakaobutter zusammen mit Milchbestandteilen und Zucker verwendet.

GETRÄNKE

Heiße Milch mit Vanille oder Absinth V

1–2 PERSONEN
5–8 MINUTEN

ZUTATEN

MILCH MIT VANILLE
1 **Vanilleschote**
400 ml **Milch**
1,5 EL **Honig**
Sahne *(nach Geschmack)*
eventuell Vanillezucker

MILCH MIT ABSINTH
400 ml **Milch**
1,5 EL **Honig**
2 cl **Absinth**

TOOLS
Jow, Waage, Tasse, Gummispachtel, Messer

HEISSE MILCH MIT VANILLE

Die Milch in Jow geben. Die Vanilleschote halbieren und mit einem kleinen Messer das Mark auskratzen. Zusammen mit dem Honig in der Milch verrühren. Nun schaltest du Jow ein und erwärmst die Milch. Dabei musst du mit einer Gummispachtel ständig umrühren. Die Milch darf nicht zu heiß werden.

Die Vanillemilch in eine Tasse geben und nach Geschmack mit einem Schuss Sahne verfeinern.

Tipp

Statt der Vanilleschote kannst du auch ein halbes Päckchen Vanillezucker verwenden.

HEISSE MILCH MIT ABSINTH

Vermische die Milch mit Honig in Jow, und erwärme sie unter ständigem Rühren. Die heiße Milch in eine Tasse schütten und mit dem Absinth vermischen.

Tipp

Schwenke Jow immer mit kaltem Wasser aus, bevor du Milch darin erhitzt. Dadurch brennt sie nicht so schnell an.

Kokos-Kardamom-Milch V

1–2 PERSONEN
5–8 MINUTEN

ZUTATEN

200 ml **Kokosmilch**
200 ml **Milch**
6 **Kardamomkapseln**
1 EL **Honig**

TOOLS
Jow, Waage, feines Sieb, Gummispachtel

Zuerst schwenkst du Jow mit kaltem Wasser aus, damit die Milch nicht so schnell anbrennt. Alle Zutaten in Jow geben und erhitzen. Dabei musst du ständig mit der Gummispachtel rühren und eventuellen Bodensatz lösen. Die Milch darf nicht kochen. Ist die Mischung warm, lässt du sie noch 5 Minuten ziehen und siebst dann die festen Stücke ab. Die Kokos-Kardamom-Milch in eine Tasse geben und genießen.

Wissen
Kardamom ist eines der teuersten Gewürze der Welt. Es gehört zur Familie der Ingwergewächse und kommt ursprünglich aus Indien. Heute zählt aber auch Guatemala als großes Anbaugebiet. Die Pflanze enthält viele ätherische Öle. Sie wird häufig in der ostasiatischen und ayurvedischen Küche verwendet. In Europa ist Kardamom schon seit rund 1200 Jahren bekannt und dient hauptsächlich dem Würzen von Backwaren und Süßspeisen.

Heiße Schokolade v

2–3 PERSONEN
5–10 MINUTEN

ZUTATEN

100 ml	**Sahne**
600 ml	**Milch oder Mandelmilch**
200 g	**dunkle Schokolade** *(mindestens 50 % Kakao)*
2 TL	**Schokoladenflocken**

ZUM VERFEINERN

1/2 TL	**Chiliflocken**
1/2 TL	**Zimt**
2 EL	**Rum**

TOOLS
Jow, Schneebesen oder Zauberstab, Gummispachtel, Tasse, Metallschüssel, Messer, Waage, Schneidebrett

Ja, Jow kann auch heiße Schokolade. Doch bevor er zum Einsatz kommt, schlägst du die Sahne in einer Metallschüssel mit dem Schneebesen steif und füllst sie dann in eine andere Schüssel um. Danach zerkleinerst du die Schokolade und gibst sie in die Metallschüssel.
Nun spülst du Jow mit kaltem Wasser aus, trocknest ihn danach aber nicht ab. Dann gibst du die Milch hinein und erwärmst sie unter ständigem Rühren mit einer Gummispachtel. Sie darf nicht kochen, sonst verliert sie ihren Geschmack.
Jetzt gießt du die heiße Milch auf die Schokoladenstücke und verrührst alles zu einer glatten Masse. Nach Geschmack mit Chiliflocken, Zimt oder Rum verfeinern.
Füll die heiße Schokolade in Tassen, und gib die Schlagsahne darauf. Zum Abschluss mit Schokoladenflocken dekorieren, damit auch das Auge etwas zum Genießen hat.

Tipps
Schlagsahne – in Österreich Schlagobers – wird richtig steif, wenn Schüssel und Sahne schön kalt sind. Schlägt man sie von Hand mit dem Schneebesen, braucht man einiges an Kraft und Geduld. Profis schlagen locker aus dem Handgelenk mit gleichmäßigen, eher kurzen Hin- und Herbewegungen und nicht allzu großen Mengen zur gleichen Zeit. Einfacher geht es natürlich mit einem elektrischen Handrührgerät bei mittlerer Geschwindigkeit. Es funktioniert aber auch mit dem Zauberstabmixer, bei dem sich das scharfe Schneidmesser gegen eine sogenannte Schlagscheibe austauschen lässt.

Hagebuttentee vv
Pfefferminztee mit Limette vv
Holunderblütentee vv

2–4 PERSONEN
10–15 MINUTEN

ZUTATEN

HAGEBUTTENTEE

4 **Hagebutten**
150 g **Himbeeren** *(frisch oder tiefgekühlt)*
15–20 **Zitronenmelissenblätter**
850 ml **Wasser**
Honig oder Agavensirup

PFEFFERMINZTEE

1 l **Wasser**
brauner Zucker
2 **Limetten** *(Saft)*
15–20 **Pfefferminzblätter**

HOLUNDERBLÜTENTEE

1 l **Wasser**
6–10 **Holunderblütendolden** *(getrocknet; siehe Tipp)*
Zitronensaft
Honig oder Agavensirup

TOOLS

Jow, Messer, feines Sieb, Brett, Waage, Tassen

HAGEBUTTENTEE MIT ZITRONENMELISSE UND HIMBEEREN

Stiel und Blütenansatz der Hagebutten mit einem Messer entfernen. Halbiere die Hagebutten, und lass sie nach Möglichkeit bei Zimmertemperatur eine Weile trocknen. Bei Zeitknappheit kannst du sie aber auch frisch verwenden. Jetzt zerdrückst du die Himbeeren mit einer Gabel und gibst sie in Jow. Dazu kommen die Hagebutten, die Zitronenmelisse und das Wasser. Nach einmaligem Aufkochen lässt du den Tee für 2 bis 3 Minuten ziehen. Dann gießt du alles durch ein feines Sieb. Nach Geschmack gibst du noch Honig oder Agavensirup dazu.

PFEFFERMINZTEE MIT LIMETTE

Für einen perfekten Tee süßt du zuerst das Wasser und lässt es einmal in Jow aufkochen. Gib Limettensaft und Minzeblätter hinein. Den fertigen Tee noch 4 bis 6 Minuten ziehen lassen, bis er den perfekten Geschmack hat. Zum Schluss alles durch ein Sieb gießen. Der Tee schmeckt übrigens auch eiskalt sehr angenehm.

HOLUNDERBLÜTENTEE

Koch das Wasser in Jow auf, und gib die Holunderblüten und ein wenig Zitronensaft hinein. Das Ganze lässt du 4 bis 5 Minuten ziehen und seihst es dann ab. Nach Geschmack noch Honig oder Agavensirup hinzugeben.

Tipps und Wissen

Jow-Tees schmecken nicht nur toll, sondern sind auch gesund. Hagebuttentee ist ein bewährtes Heilmittel gegen Frühjahrsmüdigkeit, stärkt das Immunsystem und wird für die Schmerzlinderung bei Arthrose eingesetzt. Pfefferminztee hilft bei Kopfschmerz und Migräne und kann Magen-Darm-Beschwerden lindern. Und Holunderblütentee wirkt schweißtreibend bei Erkältungen, was seit dem 1. Jahrhundert nach Christus bekannt ist.
Übrigens: Zum Trocknen bindest du die Holunderblütendolden zusammen und hängst sie für ein paar Tage bei Zimmertemperatur auf.

COCKTAILS

Gin Phist vv

2 PERSONEN
5–10 MINUTEN

ZUTATEN

6 cl **Gin**
25 ml **Holunder-Gurken-Pickle-Sud** *(Seite 57)*
25 ml **Holunderblütensirup** *(Seite 217)*
Eiswürfel
Mineralwasser
Gurkenscheiben

TOOLS
Jow, Löffel, Longdrinkgläser, Messbecher mit cl-Angabe

Bevor du den Gin Phist zusammenmixt, musst du zuerst den Holunder-Gurken-Pickle-Sud und den Holunderblütensirup zubereiten.
Da der Sirup 3 bis 4 Tage zum Ziehen braucht, solltest du also vorausplanen. Dann gibst du den Gin, den Gurkensud und den Sirup in Jow, rührst Eiswürfel unter und verteilst das Ganze auf zwei große Gläser. Die Gläser dann mit Mineralwasser auffüllen. Zum Schluss steckst du noch eine Gurkenscheibe ans Glas, fertig ist der Cocktail.

Tipps & Wissen
Gin hatte bis vor Kurzem seinen charakteristischen Geschmack von Wacholderbeeren, die den Agraralkohol aus Getreide oder Melasse würzten. Seit er im 2. Jahrzehnt dieses Jahrhunderts in allen Bars der Weltmetropolen voll im Trend liegt, variieren auch seine Zutaten und Aromen. Ob Koriander, Ingwer oder Orangenschale, der Vielfalt sind kaum Grenzen gesetzt. Er ist nun Grundzutat für verschiedenste Cocktails, Gin Tonic ist längst nicht mehr allein auf weiter Flur.

Für einen Cocktail mit aromatischen Zutaten wie den Gin Phist solltest du einen klassischen Gin mit typischer Wacholdernote verwenden, denn genau darauf sind Holunder, Gurke et cetera abgestimmt.

Put the Lime in the Coconut vv

2 PERSONEN
8–10 MINUTEN

ZUTATEN

8 cl **Kokosmilch**
8 cl **Zitronengras-Ingwer-Sirup** *(Seite 217)*
6 cl **Wodka**
4 cl **Kokossirup**
16 cl **Passionsfruchtsaft**
Eiswürfel

TOOLS
Jow, Messer, Löffel, Longdrinkgläser, Messbecher mit cl-Angabe

Wenn du diesen Drink mixen willst, muss der Sirup bereits fertig sein. Zunächst also den Zitronengras-Ingwer-Sirup laut Rezept auf Seite 217 herstellen. Das musst du schon 3 Tage vorher angehen und machst es am besten gleich auf Vorrat.
Danach geht es aber ganz schnell. Alle Zutaten in Jow geben, vermischen und mit den Eiswürfeln kalt rühren. In einem Longdrinkglas servieren, und schon ist dein fruchtiger, exotischer Drink fertig.

Tipps und Wissen
Wodka ist eine sehr alte Spirituose, die im Original farblos und fast geschmacksneutral abgefüllt wird. Deshalb eignet er sich auch als Basis für viele Cocktails und Longdrinks.
Als Ausgangsprodukt für Wodka können viele kohlenhydrathaltige Produkte dienen. So kann er aus Kartoffeln oder Gräsern hergestellt werden, meistens stammt er heute aber aus Weizen, Roggen oder Zuckerrüben. In Frankreich, Australien oder den USA wird er bisweilen sogar aus Weintrauben destilliert.

Auch wenn es verlockend klingt – lass die Finger von künstlich aromatisiertem Wodka, und verwende echte Fruchtsäfte zum Mixen deiner Drinks.

Gin süßsauer VV

2 PERSONEN
8–10 MINUTEN

ZUTATEN

6 cl **Rhabarber-Himbeer-Ingwer-Marmelade** *(Seite 75)*
1/2 **Zitrone** *(Saft)*
10 cl **Cranberrysaft**
6 cl **Gin**
Eiswürfel
10–15 **Himbeeren**
Mineralwasser

TOOLS
Jow, Brett, Schüssel, Löffel, Schneebesen, Longdrinkgläser, Messbecher mit cl-Angabe

Bei diesem Rezept ist es wichtig, dass die Rhabarber-Himbeer-Ingwer-Marmelade nach dem Rezept auf Seite 75 schon vorbereitet ist. Der Rest ist aber wirklich einfach und geht blitzschnell.
Vermische die Marmelade mit Cranberry- und Zitronensaft. Dazu kommen der Gin und die Eiswürfel – mit einem Schneebesen alles glatt und kalt rühren. In Longdrinkgläser umfüllen und Himbeeren dazugeben. Zum Schluss mit Mineralwasser auffüllen und voilà – fertig ist dein süßsaurer Genuss!

Tipps und Wissen
Rhabarber ist nicht nur ein tolles Gemüse, sondern lässt sich auch für die Schönheit verwenden: Bei sprödem und trockenem Haar hilft eine Spülung aus in Wasser gekochtem Rhabarber, die ins handtuchtrockene Haar massiert wird und 20 Minuten einwirken soll. Gilt als Zaubermittel.

Auch beim Cocktail trinkt das Auge mit. Überrasche deine Gäste, und versuch es einmal mit farbigen Eiswürfeln. Das geht ganz einfach: Misch das Wasser mit Cranberrysaft, ehe du die Eiswürfelschale ins Gefrierfach stellst. Nach ein paar Stunden hast du Eiswürfel Ton in Ton mit deinem Drink. Natürlich kannst du mit anderen Säften auch Kontrasteiswürfel herstellen – deiner Fantasie sind da kaum Grenzen gesetzt.

Tante Rosi VV

2 PERSONEN
5–10 MINUTEN

ZUTATEN

30 g **Himbeeren**
1 Spritzer **Gewürzsirup** *(Seite 217)*
1 Spritzer **Rosenwasser**
180 ml **Prosecco oder Champagner**

TOOLS
Jow, Gabel, Gläser, Waage

Bevor du Tante Rosi zubereiten kannst, musst du zuerst den Gewürzsirup nach dem Rezept auf Seite 217 fertigstellen. Am besten machst du das schon tags zuvor, damit er gut abkühlen kann.

Zerdrücke die Himbeeren mit einer Gabel in Jow, und gib Gewürzsirup und Rosenwasser dazu. Die Gläser füllst du nun zur Hälfte mit Prosecco oder Champagner, danach kommt der Mix aus Jow dazu.

Tipps und Wissen
Bartender sagen nicht „ein Spritzer“ Zitronenwasser, sondern „ein Dash“. Ein Dash hat einheitlich das Volumen von 0,8 Zentilitern.
Alle Zutaten für Tante Rosi sollten gut gekühlt verarbeitet werden, weil der Drink wie alle Champagnercocktails nicht mit Eiswürfeln in Berührung kommt, um ihn nicht zu verwässern.

Holunderblütensirup vv
Zitronengras-Ingwer-Sirup vv
Gewürzsirup vv

2–4 PERSONEN
10–15 MINUTEN

ZUTATEN

HOLUNDERBLÜTEN-SIRUP

500 ml **Wasser**
500 g **Zucker**
1 Spritzer **Zitronensaft**
10–15 **Holunderblütendolden**

ZITRONENGRAS-INGWER-SIRUP

250 ml **Wasser**
400 g **Zucker**
100 ml **Limettensaft**
1/2 **Ingwer**
4 **Kaffir-Limettenblätter**
2 Stängel **Zitronengras**

GEWÜRZSIRUP

450 ml **Wasser**
450 g **Zucker**
2 große **Zimtstangen**
3 **Anissterne**
1 Stück **Orangenschale**
10 **Nelken**
15 **Kardamomkapseln**
5 **Pimentkörner**

TOOLS
Jow, Brett, Schüssel, 1-l-Glasflasche, Schäler

HOLUNDERBLÜTENSIRUP
Wenn die Holunderblüten im Frühjahr wachsen, ist die perfekte Zeit für einen köstlichen Sirup. Dafür kochst du zuerst Wasser, Zucker und Zitronensaft in Jow auf. Gib die selbst gepflückten Holunderdolden in eine Schüssel. Achte darauf, dass sie sauber und frei von kleinen Tieren sind.
Nun schüttest du die Flüssigkeit aus Jow darüber, deckst die Schüssel ab und lässt alles für 2 bis 3 Tage stehen. So können die Blüten ihren Geschmack gut an den Sud abgeben. Danach die Blütenreste abseihen und den fertigen Sirup in eine Glasflasche füllen.

ZITRONENGRAS-INGWER-SIRUP
Für diesen Sirup gibst du Wasser, Zucker und Limettensaft in Jow. Aufkochen und gelegentlich umrühren. Den Ingwer schälen und würfelig schneiden.
Gib die Kaffir-Limettenblätter, Zitronengrasstängel und den Ingwer in eine Glasflasche. Dann den Sirup aus Jow darübergießen und die Flasche verschließen. Nach 2 bis 3 Tagen ist der Sirup fertig, und du kannst ihn kosten.

GEWÜRZSIRUP
In der Winterzeit ist dieser Sirup die perfekte Zutat, um Punsch oder Glühwein zu verfeinern. Die Zubereitung ist auch ganz einfach. Du gibst alle Zutaten in Jow, lässt sie unter gelegentlichem Rühren aufkochen und für 3 bis 4 Minuten köcheln.
In eine Glasflasche umfüllen und auskühlen lassen. Fertig ist der vielseitige Gewürzsirup.

Tipp
Fertiger Sirup hält sich gekühlt über mehrere Wochen. Mit den hier vorgestellten Sirups kannst du eine Menge Dressings würzen und verfeinern und auch viele Cocktails zubereiten. Einige Ideen und Anregungen dazu findest du in diesem Buch. Die Cocktailrezepte auf den vorhergehenden Seiten bauen allesamt auf diesen Sirups auf.

LEGENDE

vv	vegan
v	vegetarisch

l	Liter
ml	Milliliter
g	Gramm
EL	Esslöffel
TL	Teelöffel

REZEPTVERZEICHNIS

SICHERHEITSHINWEISE FÜR DAS KOCHEN IN JOW

Hinweis: Diese Sicherheitshinweise sind nicht für ein bestimmtes Wasserkochermodell ausgelegt, sondern fokussieren ganz allgemein das Kochen im Wasserkocher. Bitte konsultiere UNBEDINGT auch die Gebrauchsanleitung deines Wasserkochers – sorgfältig durchlesen, aufbewahren und danach handeln!
Der Achse Verlag übernimmt keine Haftung für etwaige Unfälle und Schäden, die durch das Kochen im Wasserkocher passieren.

Aber keine Sorge: Das Kochen in Jow ist an sich eine ungefährliche Angelegenheit, denn Jow als Koch ist harmlos. Dennoch gibt es einige Dinge, die zu einem ganz sicheren Umgang mit Jow beitragen.

Aufbewahrung und Aufstellungsort
Stell deinen Jow am besten auf eine trockene, große Arbeitsfläche, damit er sicher und frei steht. Pass auf, dass keine Lampen, Regale, Vorhänge oder andere empfindliche und brennbare Gegenstände in der Nähe oder gar über Jow sind. Jow darf auf keinen Fall auf feuchten Untergründen (beispielsweise Spüle) gestellt werden, auch darf man nichts unterlegen (auf keinen Fall ein Geschirrtuch, eine Serviette oder Plastikmatte als Überlaufschutz darunterlegen). Jow sollte auch möglichst weit weg von Wärmequellen (Herd, Backofen) und heißen Oberflächen aufgestellt werden – auf keinen Fall darauf!

Außerdem solltest du darauf achten, dass Jow außerhalb der Reichweite von Kindern steht, denn in Jow sollte nur von Erwachsenen gekocht werden. Auch wenn Jow gerade nicht benutzt wird, dürfen Kinder nicht damit spielen – auch nicht mit Bauteilen deines Geräts.

Reinigung
Lass Jow vor der Reinigung auskühlen. Reinige deinen Jow nicht mit Scheuermitteln, und gib ihn auf keinen Fall in die Geschirrspülmaschine. Die Basis von Jow mit dem Kabel und sein Kontaktfuß sollten niemals in Wasser getaucht werden. Der Stecker sollte vor der Reinigung unbedingt von der Steckdose abgezogen werden. Anleitungen für die Reinigung findest du weiter vorn im Buch unter „The Joy of CLEANING“.

Anschluss und elektrische Bauteile
Ganz grundsätzlich bitten wir dich, immer vorsichtig mit Jow umzugehen. Kochen in Jow bedeutet nämlich Umgang mit Elektrizität! Jow sollte idealerweise an eine frei liegende Steckdose angeschlossen werden. Verwende bitte kein Verlängerungskabel und keine Zeitschaltuhr. Pass auf, dass die elektrischen Anschlüsse trocken gehalten werden. Falls sie feucht sind, schließ Jow bitte nicht an eine Steckdose an. Wenn du gerade kochst und eine Flüssigkeit läuft über, zieh sofort den Stecker aus der Steckdose. Jow sollte dann nicht verwendet werden, bis er ganz trocken ist.
Außerdem darf Jow immer nur auf seinen eigenen Kontaktfuß und auf keinen Fall auf Kontaktfüße anderer Modelle gestellt werden.

Überprüfe regelmäßig die Bauteile und Zubehöre sowie das Netzkabel des Geräts auf Beschädigung (Verformung, Brüche, Risse, Splitter, Undichtigkeiten, Verfärbungen, undichter Kessel) – wenn etwas beschädigt ist, verwende es auf keinen Fall. Das Kundenservice deines Wasserkocherherstellers kann dir weiterhelfen. Mit Jow, seinem Zubehör und seinem Kabel musst du sorgfältig umgehen. Wenn du Jow in einem anderen Land mit eventuell anderen Spannungen verwendest, informiere dich vorher, ob dein Jow auch mit der fremden Netzspannung kompatibel ist.

Kochen in Jow
Beim Kochen in Jow wird das ganze Gerät heiß, und du musst gut aufpassen, denn es können sich sehr hohe Temperaturen entwickeln. Es besteht Verbrennungs- und Verbrühungsgefahr! Greif Jow immer vorsichtig an. Jow wird auch an der Außenseite heiß, und besondere Aufmerksamkeit musst du Jow auch beim Öffnen des Deckels schenken, denn da kann heißer Dampf austreten. Auch wenn der Deckel geschlossen ist und Jow eventuell ausgeschaltet ist, kann es trotzdem passieren, dass heißer Dampf austritt.

Halte Jow immer waagrecht, damit keine heiße Flüssigkeit oder keine Speise austritt.
Wenn du Wasser in Jow füllst, nimm ihn bitte von seinem Kontaktfuß.
Wenn du in Jow umrührst, verwende bitte eine hitzeresistente Silikonspachtel (keinesfalls einen Kunststofflöffel, auch keinen Kochlöffel oder Ähnliches). Damit wird Jow vor Beschädigungen im Innenraum geschützt.

Für weitere Bedienungshinweise, Informationen zum Zubehör oder sonstige Fragen kannst du gern unsere Homepage (www.jow.world) konsultieren!

Wir wünschen fröhliches Kochen!

ABOUT THE CREATORS

SOSO PHIST
CREATIVE DIRECTOR

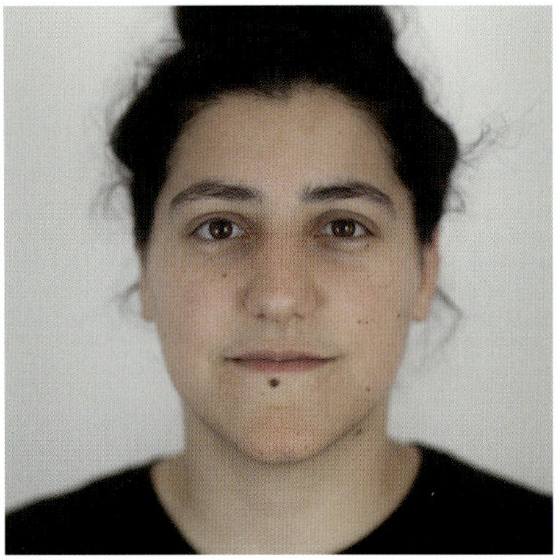

Mani Froh

Sofia Ntontis lebt und arbeitet in Wien. 2016 absolvierte sie ihr Studium an der Akademie der bildenden Künste in der Klasse für Kontextuelle Malerei unter der Leitung von Prof. Ashley Scheirl. Nach ihrem Studium war sie als Senior Artist an der Akademie der bildenden Künste tätig. Derzeit arbeitet Sofia Ntontis als selbständige Designerin und Künstlerin an verschiedenen Projekten.
Ihre künstlerische Arbeit unter dem Pseudonym Soso Phist befasst sich größtenteils mit der visuellen Auseinandersetzung von Begierde und Emotionen. Found Footage (Foodage) Material wird auf intermediale Weise verfremdet und in einen neuen Kontext gesetzt, der einen chronistischen (tagebuchartigen) Zugang zur Lebenswelt der Künstlerin ermöglicht.

CHRISTINA SCHEFFENACKER
REZEPTE

Christina Scheffenacker ist im deutschsprachigen Raum als Gourmetköchin und Food Designerin bekannt. Bis Jänner 2017 war sie "Chef de Cuisine", bzw. für die Kreation sämtlicher Gerichte und das Küchenpersonal im berühmten "Motto"-Restaurant, danach als "Chef de Partie" Gardemanger im Ikarus-Restaurants des "Hangar 7" für die Zubereitung der Gourmetmenüs und die Kochbuch-Rezepte verantwortlich. Christina Scheffenacker arbeitete mit zahlreichen Gast-Chefs wie Dieter Müller, Dominique Crenn, Ana Ros, Roland Trettel, Sven Elverfeld und entwickelte die exklusiven JOW-Rezepte bzw. das Food Design von „The Joy of Waterboiling".

LISA EDI
FOTOS

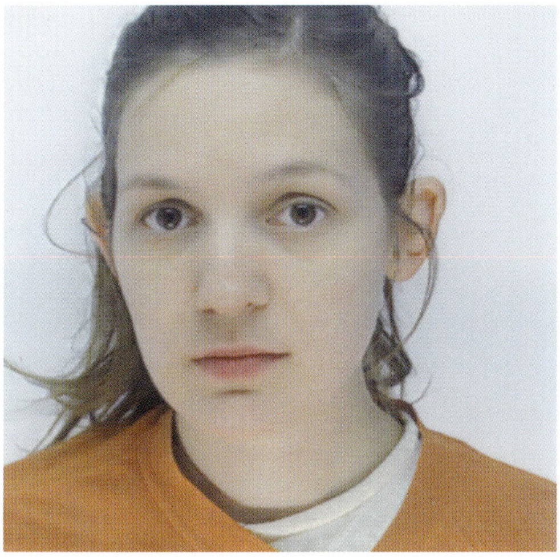

Lisa Edi, geb. 1989 in Schärding, absolvierte ihr Studium an der Wiener Universität für Angewandte Kunst und arbeitet seither als Fotografin in Wien. Lisa Edis Werke bewegen sich zwischen Modefotografie, Stilllebenfotografie, editorialen Aufträgen und einer persönlichen künstlerischen Position.
„Lisa Edi ist keine Fashion-Fotografin im herkömmlichen Sinn. Aber dass sie beides – Fotografie und Mode – studiert (hat), merkt man jedem ihrer Bilder an. Es geht darin nicht zwingend explizit um Kleidung, aber zumeist um Materialität – mit der Leidenschaft für Stoffe und was sie mit Menschen machen. Fernab von Fashion fotografiert sie zum Beispiel auch für das Magazin Ballesterer. Man möchte Edis Fotos am liebsten anfassen. Auch, um ein bisschen hinter den mysteriösen Vorhang zu blicken, der ihre Motive umgibt.“ (The Gap)

THOMAS GÖTZ VON AUST
IDEE

Thomas Götz von Aust arbeitet im Berliner Nacht- und Kulturleben (Chantals House of Shame, dichter und dichter vs borderlines).
Publikationen u.a.: „about:blank. Facorismen zur Lebenserbärmlichkeit“ (Traumawien) und „Berlin Unschick“ (Frohmann Verlag)

2018 wird im Achse Verlag der Monolog „Die Fritatte“ erscheinen.